Klosterinsel Reichenau – Kultur und Erbe

Klosterinsel Reichenau

Kultur und Erbe

Monika Spicker-Beck
Fotos von Theo Keller

Jan Thorbecke Verlag Stuttgart

Inhalt

Weltkulturerbe Reichenau
oder: Erbe verpflichtet

Reichenau, grünendes Eiland, wie bist du vor andern gesegnet,
Reich an Schätzen des Wissens und heiligem Sinn der Bewohner,
Reich an des Obstbaums Frucht und schwellender Traube des Weinbergs;
Immerdar blüht es auf dir und spiegelt im See sich die Lilie,
Weithin schallet dein Ruhm bis ins neblige Land der Britannen.

Ermenrich von Ellwangen, um 850,
übersetzt von Victor von Scheffel im Ekkehard

Vorige Seiten:
Den besten Überblick
über die Insel bietet
die Hochwart.

St. Georg,
Reichenau
Oberzell

Die Kulturorganisation der Vereinten Nationen hat es sich zur Aufgabe ge-macht, den in der Welt einzigartigen Kultur- und Naturgütern, dem Erbe der Menschheit, besonderen Schutz angedeihen zu lassen. Alljährlich prüft ein internationales Komitee der UNESCO, welche Stätten es wert sind, in die Liste des Welterbes aufgenommen zu werden. Dies geschieht nach strengen Kriterien, die in der Welterbekonvention festgelegt sind. Mit der Unterzeichnung dieser Konvention verpflichten sich die einzelnen Staaten, die als Welterbe erklärten Denkmäler zu bewahren und für zukünftige Generationen zu erhalten. Im November 2000 ist die Klosterinsel Rei-chenau in die Liste des Weltkulturerbes aufgenommen worden. Sie gehört damit zu den 690 Kul-tur- und Naturerbestät-ten, die sich weltweit in 122 Ländern befinden.

In der Tat hat die Reichenau Außerge-wöhnliches zu bieten. Seien es die drei erhal-tenen mittelalterlichen Kirchen und die ein-zigartigen ottonischen Wandmalereien, seien es die überlieferten Werke mittelalterlicher Dichtkunst und Wis-senschaft, seien es his-torische Quellen und Doku-mente oder die bedeutenden Hand-

schriften aus dem mittelalterlichen Skriptorium, all diese auf uns gekommenen Überreste legen Zeugnis ab von einer großartigen Vergangenheit. Über drei Jahrhunderte hinweg gehörte die Abtei zu den herausragenden Zentren abendländischer Kultur und Bildung. In der Reichspolitik wirkten die Äbte des Konvents als hochrangige Berater im engsten Umkreis der Herrscher oder als Erzieher ihrer Söhne. Als eine der ersten Schulen im Reich setzte die Abtei das karolingische Bildungsprogramm unmittelbar um. Ihre Schüler

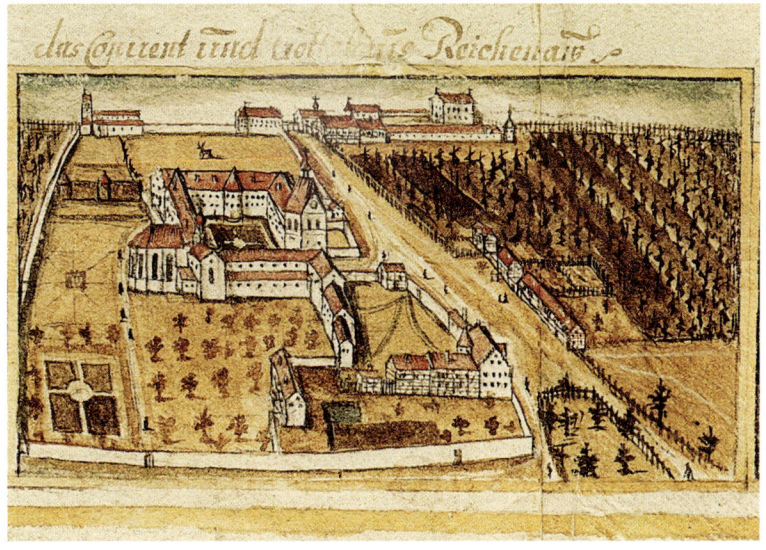

Der Klosterbezirk auf dem Gemarkungsplan von 1707, im Hintergrund rechts das Pfalzgelände, links die Pfarrkirche St. Johann.

erhielten eine Erziehung, die sie für eine Karriere als Bischof oder Abt eines Klosters, und damit zugleich an zentraler Stelle der mittelalterlichen Reichspolitik geeignet machte. Die Mönche des Inselklosters brachten den Stand der Wissenschaft voran und überlieferten auf dem Gebiet der Literatur bedeutende Werke lateinischer Dichtung. Als künstlerisches Zentrum trat die Abtei neben der Architektur vor allem durch hervorragende Leistungen auf dem Gebiet der Buchkunst hervor. All dies war geeignet – wie es Ermenrich von Ellwangen formulierte –, den Ruhm der Insel weithin schallen zu lassen.

Der Ruhm ist bis heute nicht verhallt. Archäologen, Denkmalpfleger, Vertreter der mittellateinischen Philologie, Historiker, Kunsthistoriker und Geographen beschäftigen sich intensiv mit diesem Erbe und halten die Erinnerung an diese Vergangenheit wach. So gesehen erscheint die Aufnahme in die Weltkulturerbeliste als ein weiterer Schritt auf der Ruhmestreppe.

Mit dem Ruhm allein ist es aber nicht getan. Denn Ruhm und Erbe verpflichten zugleich. Appellieren wir also auch heute an den »heiligen Sinn der Bewohner«, ihr Erbe zu achten und es nicht auf dem Altar kurzfristiger Modeerscheinungen zu opfern. Unabdingbare Voraussetzung dafür aber ist es, dieses Erbe zu kennen und sich, »reich an Schätzen des Wissens«, damit auseinanderzusetzen. Nur dann ist es möglich, es als hohen Wert zu begreifen und sich für dessen Bewahrung einzusetzen. Und nur dann ist es möglich, auf der schwierigen Gratwanderung zwischen den Anforderungen und Standards des modernen Lebens und der Bestandserhaltung des Ererbten die richtige Balance zu finden.

Inmitten der Flut:
Lage, Entstehung
und Besiedlung der Insel

Vorige Seiten:
Die Reichenau von
Westen

Der Reichenauer
Damm bei
Föhnwetter,
im Hintergrund
die Alpenkette.

Dort, wo der Rhein von den Alpen aus Italien herabströmt,
breitet er sich nach Westen hin aus wie ein gewaltiges Meer.
Inmitten der Flut erhebt sich eine Insel,
Au heißt sie mit Namen, um sie herum liegt Deutschland.

Walahfrid Strabo, Visio Wettini

Mit diesen Versen beschreibt Walahfrid Strabo Anfang des neunten Jahrhunderts die geographische Lage der Klosterinsel, auf der er seit seiner Kindheit als Mönch lebte. Vielleicht hatte er die Verse an einem der am Bodensee häufigen Föhntage ersonnen. Denn nur an solchen Tagen kann der Eindruck entstehen, als schließe der See unmittelbar an die Alpen an. Auf der Hochwart, dem höchsten Punkt der Insel, hat man die »Flut«, aus der sich die Insel erhebt, am besten vor Augen.

Eingebettet in den Untersee ist die größte der drei Bodenseeinseln mit einer Länge von 4,5 km und einer Breite von 1,5 km. Im Süden fließt der Seerhein – die Grenze zur Schweiz –, am gegenüberliegenden Ufer erhebt sich der thurgauische Seerücken. Im Westen schließen sich die Halbinsel

*Blick von der
Hochwart Richtung
Westen.*

Höri und der Zeller See an. Bei klarem Wetter reicht die Sicht bis in den
Hegau mit seinen Vulkankegeln und weiter bis in die Ausläufer der Hegau-
alb. Richtet sich der Blick nach Norden, haben wir den Gnadensee vor Augen, dahinter die Hügellandschaft des Bodanrücks. Im Osten schließlich
verbindet das Band der Pappelallee die Insel mit dem Festland. Sie durch-
zieht das Schilfmeer des Wollmatinger Rieds mit seinen vorgelagerten
Flachwasserzonen.

Inmitten dieser Flut also erhebt sich die Insel, mit ihren drei Ortsteilen,
die sich um die drei noch erhaltenen romanischen Kirchen herum gruppie-
ren. Oberzell im Osten, in der Umgebung der Kirche St. Georg, die die
berühmten Wandmalereien in sich birgt, in der Mitte Mittelzell mit dem

*Blick vom
Wollmatinger Ried
auf den Gnadensee.*

Münster St. Maria und Markus und dem ehemaligen Klostergelände und an der Westspitze der Insel Niederzell, erkennbar an der Kirche St. Peter und Paul mit ihrer Doppelturmfassade. Südlich des ehemaligen Klostergeländes, in Mittelzell, liegt zwar schon seit Jahrhunderten das gemeindliche Siedlungszentrum, dennoch ist auffällig, daß die Insel keine geschlossene Siedlungsform besitzt. Die über viele Generationen hinweg erfolgte Realteilung hat die Siedlungslandschaft in kleine Parzellen gegliedert. Einzelhöfe, Weiler und Glashausflächen wechseln sich mit unbebauten Freiflächen ab. Sanft geschwungene Rebberge und in verschiedenen Grüntönen leuchtende Gemüseanbauflächen bestimmen das Erscheinungsbild.

Auch wenn es heute nur schwer vorstellbar ist: Die Reichenau war am Anfang einmal wüst und leer. Entstanden ist die Insel am Ende der letzten Eiszeit, der Würmeiszeit. Geologisch besteht sie aus eiszeitlichem Moränenmaterial und Schotter. Bevor der Gletscher sich zurückzog, hatte er auf den Grundmoränen Kiese und Sande abgelagert. Die Insel bildete eine Erhebung zwischen den Senkungen des Gnadensees und des Zeller Sees und wurde zuerst eisfrei. Die Schmelzwässer flossen ab und die Ablagerungen in Gestalt der Insel Reichenau blieben zurück. Aus dem generell eher fla-

chen Eiland ragen zwei langgestreckte Erhebungen hervor, der heutige Aussichtspunkt Hochwart und der nördlich gegenüber liegende Vögelisberg. Diese beiden einem halbierten gekochten Ei ähnelnden Hügel identifiziert der geübte Geologe als typische »Drumlins«, die auch auf dem Bodanrück im Norden in großer Zahl zu sehen sind. Auf dem höheren der beiden Drumlin-Hügel, der Hochwart, erreicht die Insel eine Höhe von 441 m über dem Meeresspiegel. Daß die Reichenau, zumindest aus der Ferne betrachtet, den Eindruck einer flachen Landzunge erweckt, liegt daran, daß sich diese beiden Hügel nur 45 m über den Seespiegel erheben.

Der Mensch allerdings ließ sich Zeit, bis er die Insel als Wohnplatz entdeckte. Aus der Steinzeit zumindest gibt es bisher keine Hinweise auf eine Besiedlung. Die frühesten Spuren menschlicher Besiedlung stammen aus der Zeit um 850 vor Christus. Im Zuge der Ausgrabungen im Bereich des Klosterbezirks, nur wenige Meter nordöstlich des heutigen Münsterchores, entdeckten die Archäologen eine Schicht mit vorgeschichtlichen Scherben. Die Funde – 390 Scherben, 3 Knochenfragmente und das Fragment einer Bronzenadel – waren so zahlreich, daß sie auf eine Siedlung der späten Urnenfelderkultur schließen lassen. Dieser Wohnplatz lag direkt am damaligen Strand und war nicht – wie sonst üblich – als Pfahlbausiedlung weit draußen im Flachwasserbereich angelegt. Vermutlich hat ein um diese Zeit erfolgter Anstieg des Seespiegels die Menschen veranlasst, ihre Siedlungen in den Uferbereich zu verlegen.

Andere Bereiche der Insel scheinen, zumindest nach heutigem Wissen, nicht bewohnt gewesen zu sein. Einzelfunde darunter beispielsweise eine keltische Goldmünze, ein sogenanntes »Regenbogenschüsselchen«, reichen nicht aus, um auf eine Besiedlung zu schließen.

Nach dem derzeitigen Stand der Forschung können wir also sicher davon ausgehen, daß im Bereich des späteren Klosterbezirks schon einmal Menschen lebten. Nachdem diese ihre Siedlung dort aufgegeben hatten, blieb der Platz über viele Jahrhunderte hinweg unbewohnt, bis Pirmin beschloß, hier sein Kloster zu gründen.

Der Zeller See, im Hintergrund die Hegauberge.

Natur pur: das Wollmatinger Ried

Ursprüngliche Naturlandschaft, ausgedehnte Schilfgebiete, Riedwiesen, unzählige Vögel gibt es im Wollmatinger Ried, dem 767 Hektar großen Naturreservat zwischen Konstanz und Allensbach. Ein großer Teil davon liegt auf Reichenauer Gemarkung, unterbrochen wird es vom Reichenauer Damm. Mit höchsten Auszeichnungen versehen, dem europaweit nur an wenige Gebiete verliehenen »Europadiplom« beispielsweise oder der Einstufung als »Feuchtgebiet internationaler Bedeutung« nach der Ramsar-Konvention, gehört es zu den ältesten Naturschutzgebieten in Baden-Württemberg.

Geprägt wurde das Ried von den unterschiedlichen Wasserständen des Sees. Durch die Schneeschmelze in den Alpen, wird es ab dem späten Frühjahr regelmäßig vom Hochwasser überflutet, wodurch sich eine vielfältige Vegetation entwickelte. Schilfröhrichte, Großseggenriede und vom Menschen geschaffene Streuwiesen bestimmen das Bild. Die sich anschließenden nahrungsreichen Flachwasserzonen sind von Tausenden von Wasser- und Watvögeln bevölkert.

Von über 600 im Wollmatinger Ried festgestellten Pflanzenarten sind mehr als 100 in der Roten Liste des Landes Baden-Württemberg aufgeführt, viele sind bundesweit stark gefährdet oder vom Aussterben bedroht. Sie befinden sich in verschiedensten Pflanzengesellschaften. Durch die Streunutzung – im 19. Jahrhundert wurden die Wiesen gemäht und die Streu als Stalleinstreu verwendet – entstanden Pfeifengraswiesen. Sie setzen sich aus dem Blauen Pfeifengras, seltenen Pflanzen wie der Sibirischen Schwertlilie, dem Lungen-Enzian, dem Wohlriechenden Lauch und verschiedenen Orchideen zusammen. Auch die Sumpf-Siegwurz oder Sumpf-Gladiole kommt dort vor. Sie gilt als eine Rarität und ist in Baden-Württemberg lediglich hier bekannt. Eine andere Pflanzengesellschaft bilden die Wiesen mit Mehlprimeln, schwarzen und roten Knopfbinsen, Gewöhnlichem Fettkraut und Gewöhnlicher Simsenlilie. Interessant ist, daß es im Wollmatinger Ried auch ausgesprochene Trockenstandorte gibt. Diese liegen auf den Strandwällen, das sind vom Wellenschlag angehäufte, aus Kalk und darin abgelagerten Schneckenhäuschen bestehende »Schnegglisande«. Die Wälle werden vom Hochwasser nie erreicht und sind zudem weiter vom Grundwasser entfernt. Dort finden sich – ganz im Kontrast zu der sie umgebenden Feuchtvegetation – Trockenpflanzen wie die Gewöhnliche Küchenschelle, die Gewöhnliche Kugelblume, das Brand-Knabenkraut, die Bienen-Ragwurz oder der Frühlings-Enzian. Unabhängig davon ist schließlich noch das Bodensee-Vergißmeinnicht zu erwähnen, das auf dem nährstoffarmen Kiesufer wächst.

Das Wollmatinger Ried ist nicht nur wegen seiner Vegetation berühmt, es ist auch ein hervorragendes Refugium zahlreicher in ihrem Bestand bedrohter Tierarten. Für viele Tiere, seien es Libellen, Amphibien, Vögel oder Schmetterlinge, gehört das Ried zu den letzten Lebensräumen, in denen sie noch Nahrung finden können. Besonders für die Vogelwelt ist das Ried von eminenter Bedeutung, nicht nur als Brutplatz, sondern auch als zentrales Rast- und Überwinterungsgebiet im süddeutschen Raum. Im Winter sammeln sich hier bis zu 40 000

Wasservögel, Reiher-, Tafel-, Löffel- und Schnatterenten sowie Zwerg- und Haubentaucher. Auch für die Watvögel bietet das Ried Nahrungsraum, so etwa für Bekassinen, Große Brachvögel, Kiebitze, Kampfläufer und Alpenstrandläufer. Von den über 250 registrierten Vogelarten haben etwa ein Drittel im Ried schon gebrütet. Die Kolbenente hat hier einen ihrer Verbreitungsschwerpunkte, aber auch Schwarzhalstaucher, Teichrohrsänger, die besonders gefährdeten Drosselrohrsänger und Rohrweihen sind zu finden. Was die Fauna angeht, ist zwar die Vogelwelt am besten erforscht, nicht weniger beachtenswert ist aber, daß das Wollmatinger Ried als Lebensraum für Schmetterlinge und Libellen mit mehr als 330 nachgewiesenen Tag- und Nachtfalterarten und etwa 40 Libellenarten eine für mitteleuropäische Verhältnisse besonders hohe Artendichte aufweist.

Gepflegt wird das Wollmatinger Ried – die Streuwiesen beispielsweise müssen ebenso wie in früheren Jahrhunderten jährlich gemäht werden – vom Naturschutzbund Deutschland. Das NABU-Naturschutzzentrum, das im ehemaligen Bahnhof Reichenau eingerichtet wurde, bietet eine ständige Ausstellung zur Information über das Wollmatinger Ried. Da das Naturreservat – außer auf dem Gottlieber Weg – nicht auf eigene Faust betreten werden darf, bietet die NABU-Ortsgruppe Konstanz eine dreistündige »Große Riedführung« sowie eine zweistündige »Kleine Riedführung« an. Zur Vogelbeobachtung empfiehlt sich der etwa einstündige »Beobachtungstreff« auf der Aussichtsplattform der Ruine Schopflen auf dem Reichenauer Damm.

Blick von der Ruine Schopflen auf das Wollmatinger Ried.

Die Geschichte der Abtei Reichenau

Pirmin, der Klostergründer

Klostergründer Pirmin auf einem Glasfenster aus dem Münster.

Schlangen, Frösche und ein Bischofsstab, mit diesen Erkennungszeichen tritt uns der heilige Pirmin in den ikonographischen Darstellungen des Mittelalters entgegen. Wenn wir uns die Legende des Heiligen vergegenwärtigen, so wird schnell deutlich, warum ihn die Künstler mit diesen Attributen versahen.

Unbewohnt und unwirtlich, lediglich von dichtem Gebüsch und Gestrüpp bewachsen, so fand Pirmin – der Legende zufolge – die Insel vor, als er dort im Jahr 724 eintraf, um ein Kloster zu gründen. In sumpfigem Gelände hausten wilde Tiere, Kröten, Frösche und Schlangen. Allen Widrigkeiten zum Trotz, so heißt es, habe Pirmin die Insel als Klosterstandort ausgewählt. Und in der Tat, kaum berührte der Heilige den Boden, da verließ das scheußliche Getier fluchtartig die Insel und stürzte sich ins Wasser. Drei Tage und drei Nächte soll die Flucht gedauert haben. Danach habe Pirmin mit vierzig Männern begonnen, das Eiland von dem dichten Gesträuch zu befreien, um es in eine bewohnbare Stätte zu verwandeln. Soweit die Legende.

Aber auch wenn wir weitere historische Quellen hinzuziehen, läßt sich die Gründungsgeschichte des Klosters nicht mehr vollständig erhellen. Die Nachrichten über den Gründungsakt stammen aus unterschiedlichsten Zeiten und sind teilweise widersprüchlich, so daß sich nur schwer ein deutliches Bild gewinnen läßt. Selbst die Reichenauer »Gründungsurkunden« sind lediglich in Form von Fälschungen aus dem 12. Jahrhundert erhalten, aus denen man versucht hat, das Original zu erschließen.

Aus den Schriftquellen geht hervor, daß Pirmin wahrscheinlich als Diözesanbischof in Meaux bei Paris amtierte, bevor er – mit einem Schutzbrief des karolingischen Hausmeiers Karl Martell ausgestattet –, nach Alemannien einwanderte. Karl Martell gab wohl dem alemannischen Herzog Lant-

Vorige Seiten: Pirmins Ankunft auf der Reichenau und die legendäre Vertreibung der Schlangen. Ölgemälde aus dem 17. Jahrhundert im südlichen Seitenschiff des Münsters.

frid sowie dem einheimischen Grafen Bertoald den Auftrag, Pirmin auf die Insel zu geleiten, die damals noch den Namen »Sintlazau« trug. Diese Insel habe er ihm zum Wohnen geschenkt, damit er dort ein Kloster zu Ehren der Gottesmutter und der Apostel Petrus und Paulus gründen könne. Mit eingeschlossen in die Schenkung war weiterer Besitz in der unmittelbaren Umgebung der Insel: Markelfingen, Allensbach, Kaltbrunn, Wollmatingen und Allmansdorf auf dem Bodanrück sowie Ermatingen im Thurgau. Die Abgaben aus diesen Orten, die bisher dem Fiskus zugefallen waren, sollten nun dem neu zu gründenden Kloster gehören.

Zunächst aber mußte Pirmin damit beginnen, das unwirtliche Gelände bewohnbar zu machen. Zwar hatten in vorgeschichtlicher Zeit auf der Insel schon einmal Menschen gesiedelt, doch war sie zum Zeitpunkt der Klostergründung bereits seit Jahrhunderten unbewohnt. Gerade dieser Umstand ließ sie als Klosterstandort besonders geeignet erscheinen, galten doch Berge, Einöden, Wüsten und Inseln den christlichen Missionaren als ideale Stätten klösterlicher Abgeschiedenheit. Nicht ungewöhnlich ist es deshalb, wenn der aus irofränkischen Mönchskreisen stammende Pirmin sich diese einsame Insel für seine Klostergründung aussuchte. Während seine Kollegen Willibrord und Bonifatius die Christianisierung in den nördlichen Regionen des expandierenden Frankenreiches übernommen hatten, sollte Pirmin diese Aufgabe im Süden bei den noch nicht sehr lange zum Reich gehörenden Alemannen erfüllen. Dazu gehörte der Aufbau der kirchlichen Organisation und die Gründung von Klöstern ebenso wie eine grundlegende Erziehungsarbeit. Wenn auch getauft, so waren die germanischen Völker zu diesem Zeitpunkt noch weit davon entfernt, zu wissen, was christliche Lehren und Werte beinhalten. Auf welche elementaren Grundlagen Pirmin bei der Vermittlung der christlichen Glaubensinhalte eingehen mußte, zeigt uns ein kleines Handbuch, das er für die Missionsarbeit verwendet, wenn nicht sogar geschrieben hat: die »Dicta Pirminii«, geläufig auch unter dem Namen »Scarapsus«. In diesem Leitfaden für die pastorale Arbeit sind die für die damalige Zeit wichtigen Grundsätze aus den anerkannten kirchli-

Pirmins Missionsschrift ist in einem Codex der Klosterbibliothek Einsiedeln vom Ende des 8. Jahrhunderts überliefert. Der Text beginnt rechts: »Incipit dicta abbates Priminii …«.

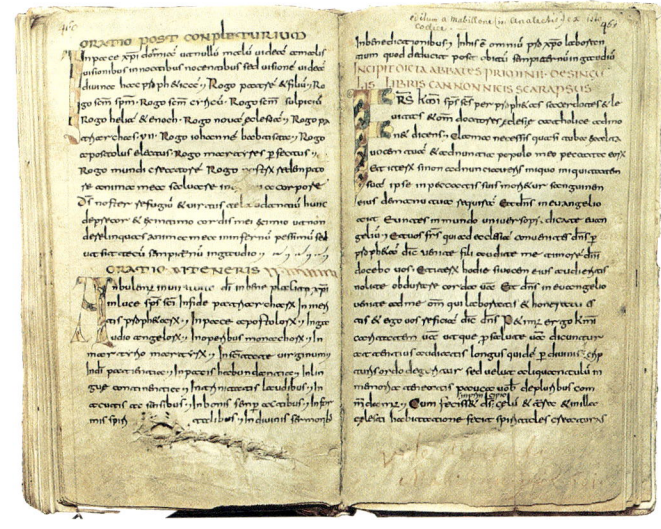

Die 1969 von Gisela Bär geschaffene Pirminstatue am Eingang der Insel.

chen Schriften exzerpiert und zusammengefaßt: Auf eine Zusammenfassung der Heilsgeschichte folgt die Zusammenfassung der Pflichten des christlichen Lebens. Besonders die Abschnitte mit den Geboten und Verboten sind darauf zugeschnitten, eine christliche Haltung einzuwurzeln und heidnische Vorstellungswelten aufzugeben. Kulte an Bäumen und Steinen, Quellen und Wegkreuzen, das Tragen von Amuletten, Zauberei und Wahrsagen, um nur einige Beispiele zu nennen, werden als heidnisch verurteilt und verboten. Die Verbote geben uns zugleich einen Einblick in die mit heidnischen Restbeständen durchsetzte Vorstellungswelt der Germanen wie auch in die praktische Arbeit Pirmins und der anderen fränkischen Missionare.

Pirmin und seine Begleiter machten nun ein Stück Land urbar und errichteten zunächst einfache Holzbauten, die ihnen als Kirche und Wohngebäude dienten. Archäologischen Forschungen zufolge standen diese auf der Nordseite des Münsters in Höhe des heutigen Westquerhauses. Daß sich diese frühe Klosteranlage unmittelbar am Ufer des Gnadensees befand, würde man heute kaum mehr vermuten. Der Seespiegel lag im Mittelalter um rund einen Meter höher als heute, daher reichte die Uferzone weit bis in den heutigen Klostergarten hinein. Die ufernahe Lage war außerdem in verkehrstechnischer Hinsicht von Bedeutung. In der Gnadenseebucht konnte leicht eine geeignete Schiffslände angelegt werden, von der aus die kürzeste Verbindung zu den für die Versorgung wichtigen Orten auf dem Bodanrück bestand.

Pirmin selbst blieb nach der Gründung des Klosters nicht lange auf der Insel. Die politischen Gegensätze zwischen dem Pirmin begünstigenden Karl Martell und seinem Widersacher, dem alemannischen Herzog Theudebald, verschärften sich und zwangen Pirmin, als Gefolgsmann des Karolingers, das Kloster bereits nach drei Jahren wieder zu verlassen. Sein Weg führte ihn in das Elsaß, wo er 727 das Kloster Murbach gründete. Auch diese Gründung verließ er nach drei Jahren und überließ sie einem von ihm selbst ausgewählten Nachfolger. Schließlich wandte er sich in die Westpfalz, um das Kloster Hornbach zu gründen. Dort starb er zwischen 740 und 754. Seine Gebeine wurden im Jahr 1556 von Hornbach nach Innsbruck überführt.

Die Blütezeit des Inselklosters

Pirmins Gründung nahm einen schnellen Aufschwung, der mit dem Aufstieg der Karolinger in direktem Zusammenhang stand. »Goldenes Zeitalter« der Abtei nennt man gemeinhin die Blüte in der Karolingerzeit, »silbernes« die nicht minder prächtige Ära in der Zeit der Ottonen und frühen Salier. Diese Blüte, die dem Kloster einen Rang unter den ersten Abteien des Reiches einbrachte, läßt sich in allen Bereichen, der Politik und der Wissenschaft, der Kunst und der Bautätigkeit ablesen. Seien es Adelsfamilien oder Äbte, Wissenschaftler oder Künstler, stets befanden sich die Persönlichkeiten, die dazu beitrugen, daß sich die Abtei Reichenau zu einem herausragenden politischen und kulturellen Zentrum entwickelte, im engeren Umfeld der karolingischen und ottonischen Herrscher.

Das Kloster war von Anfang an mit Grundbesitz ausgestattet. Die Einkünfte, die Pirmins Gründung aus den abgabepflichtigen Dörfern rund um den Untersee bezog, sorgten für gesicherte Verhältnisse in wirtschaftlicher Hinsicht. Adlige Wohltäter, die dem Kloster um ihres Seelenheils willen durch großzügige Schenkungen ihre Gunst erwiesen, vermehrten das Aus-

Klosteranlage mit Münster von Osten.

maß dieser Grundherrschaft beträchtlich. Infolge dieser Stiftungen und Schenkungen besaß die Abtei im Lauf der Zeit einen weit verzweigten Grundbesitz. Umfangreiche und damit auch einträgliche Güter befanden sich auf der Baar und auf der Alb, in der Ulmer Region, im westlichen Bodenseegebiet und in der Nordschweiz, einzelne Besitzungen reichten im Süden sogar bis zum Comer See. Der Abt der Reichenau habe, so erzählte man später, wenn er nach Rom reisen wollte, jeden Abend auf eigenem Grund und Boden übernachten können. Die Aussage darf man zwar nicht ganz wörtlich nehmen, doch illustriert sie durchaus den großen Reichtum, den die Abtei im Laufe der Jahrzehnte erlangt hatte.

Der rasche wirtschaftliche Aufschwung steht in unmittelbarem Zusammenhang mit den vielfältigen personellen Beziehungen zum karolingischen Herrscherhaus. Einer der frühesten und wichtigsten Wohltäter und Stifter des Inselklosters war Graf Gerold, der Bruder der Königin Hildegard, der zweiten oder dritten Gemahlin Karls des Großen. Selbst reich begütert, beschenkte er das Kloster mit umfangreichem Besitz in der Bertoldsbaar und im Bereich der oberen Donau. In Karls Diensten war Gerold maßgeblich an zahlreichen Feldzügen gegen die Sachsen, Slawen, Langobarden und Awaren beteiligt und später Präfekt, das heißt königlicher Statthalter in Bayern. Seine Fähigkeiten auf militärischem Gebiet brachte ihm den Beinamen »signifer«, Bannerträger Karls, ein. Stets im engsten adligen Umkreis des Herrschers zu finden, war dieser mächtige Gönner ständiger Förderer und Fürsprecher, wenn es um die Erlangung von Privilegien für das Kloster ging. Einer späteren Reichenauer Überlieferung, der »Visio Wettini« zufolge, vermachte der kinderlose Graf seine Güter dem Kloster: »Was er (Gott) mir gab, sei ihm wiedergeschenkt: ich weih' es Maria«, habe Gerold beteuert und, so heißt es lobend in dieser Dichtung: »Seinem Gelöbnis folgte die Tat: er half mehr als die andern dieser Stätte; durch seine Gaben erglänzet die Aue«. Als Graf Gerold im Jahr 799 im Kampf gegen die heidnischen Awaren starb, wurden seine Gebeine aus dem fernen Pannonien, dem heutigen Ungarn, auf die Reichenau überführt. Neben dem Hochaltar der Abteikirche begraben, wurde er vom Inselkonvent gleich einem Märtyrer verehrt.

In frühmittelalterlicher Zeit war die Kirche der Autorität der weltlichen Herrscher unterworfen. In deren Selbstverständnis war politisches Handeln zugleich Handeln im Dienste des Christentums. Mit dem Ziel, ein einheitliches christliches Reich zu schaffen und zu beherrschen, fühlten sich

Münster St. Maria und Markus. Der älteste Teil ist das Ostquerhaus mit der Vierung aus der im Jahr 816 geweihten Kreuzbasilika.

die weltlichen Herrscher verantwortlich für Glauben und Bildung, Kultur und Frömmigkeit. Politik war stets dem Heilsgedanken verpflichtet. Die Könige und Kaiser stärkten die Macht der Kirchen und Klöster und erhielten dafür deren Beistand im Gebet, aber auch Unterstützung im militärischen und diplomatischen Bereich. Die enge Verbindung von Politik und Kirche ließ die Reichsabteien zu den wichtigsten Stützpunkten der karolingischen und später auch der ottonischen Herrschaft werden. Während dieser Zeit bildeten die Abteien das Reservoir, aus dem die gebildetsten und fähigsten Männer des Reiches hervorgingen. Dies gilt im besonderen Maße für das Inselkloster und eine Reihe seiner Äbte, die einflußreiche politische Funktionen im unmittelbaren Umkreis der weltlichen Herrscher innehatten.

In der Frühzeit des Klosters war der Abbatiat noch in Personalunion mit dem Konstanzer Bischofssitz verbunden. Diese Verbindung wurde – vielleicht durch den Einfluß der Kreise um Gerold und Hildegard – ab 782 aufgelöst. Im Jahr 786 übernahm Waldo (786–806) den Abtsstab auf der

Reichenau. Er eröffnet die Reihe besonders einflußreicher Reichenauer Äbte, die zu zentralen Persönlichkeiten in der Reichsgeschichte geworden sind. Waldo stammte aus einer Familie aus dem unmittelbaren Umkreis der Karolinger und war zunächst als Urkundenschreiber und Diakon in St. Gallen tätig. Nach zweijährigem Abbatiat in St. Gallen wechselte er für zwei Jahrzehnte auf den Reichenauer Abtsstuhl. Während dieser Zeit hatte er sich immer wieder Spezialaufträgen zu widmen, die ihn häufig in weit entfernte Gefilde führten. Nach dem Sieg über die Langobarden setzte Karl der Große im Jahr 781 in Pavia seinen Sohn Pippin als König von Italien ein. Da Pippin, ein Sohn Karls des Großen und der Königin Hildegard, erst vier Jahre alt war, wurde ihm ein Hofstaat von Beratern und Erziehern zur Seite gestellt, der die vormundschaftliche Regierung übernahm. Einer von diesen Auserwählten war Abt Waldo, der als Bistumsverweser nach Pavia geschickt wurde und gleichzeitig als Berater und Erzieher an Pippins Hof fungierte. Wir können davon ausgehen, daß Waldo einer der engsten Vertrauten Karls des Großen war. In einer Reichenauer Quelle wird berichtet,

Bischof Egino als Lehrer in der Domschule von Verona.

er habe ihm so nahe gestanden, daß Karl ihn zum »Beichtvater« erwählt habe. Außer zu diesen Aufgaben, die er in Italien zu erfüllen hatte, war Waldo zum Verweser des Bistums Basel berufen worden. Abt der Reichenau blieb er, bis er im Jahr 806 zum Abt des Kloster St. Denis bei Paris befördert wurde, dem wohl ranghöchsten Kloster des Karolingerreiches.

In das gleiche politische Kräftefeld wie Waldo gehört noch ein anderer geistlicher Würdenträger, der mit der Reichenau in enge Beziehung trat: Egino von Verona. Egino, über dessen Jugend es keine weitere Nachrichten gibt, entstammte einer jener führenden alemannischen Adelsfamilien, die Karl der Große durch die Vergabe einflußreicher Dienste und Ämter an sich zu binden bestrebt war. Zu eben jener Zeit, als Karl seinen Sohn Pippin zum Unterkönig von Italien einsetzte, wurde Egino Bischof von Verona. In ähnlicher Weise wie bei der Einsetzung Waldos als Bistumsverweser von Pavia läßt sich hier Karls personalpolitische Taktik in Italien ablesen, bei der Vergabe von Ämtern die langobardischen durch karolingische Anhänger zu ersetzen. Egino hatte das Veroneser Bischofsamt nahezu zwanzig Jahre lang inne und kann ebenfalls den Beraterkreisen am Hof des jungen Königs Pippin zugeordnet werden. Vermutlich infolge von Konflikten in der Veroneser Bischofsstadt hat Egino sein Bistum verlassen und den ihm gut bekannten Abt Waldo um Erlaubnis gebeten, sich auf der Insel niederlassen zu dürfen. »Da Waldo ihm wegen dessen hohen Ansehens die Bitte nicht abschlagen konnte«, so heißt es in dem Bericht – Egino war in Bezug auf den geistlichen Rang als Bischof höher einzustufen als der Reichenauer Abt –, stimmte er zu. Im Westen der Insel, an der Stelle der heutigen Kirche St. Peter und Paul in Niederzell, erbaute der Bischof eine Basilika, die am 2. Juni 799 zu Ehren des Apostels Petrus geweiht wurde. Archäologische Forschungen ergaben, daß diese Kirche so groß und prachtvoll war, daß sie sogar die Abteikirche in den Schatten stellte. Doch davon an anderer Stelle.

Auch mit diplomatischen Missionen wurden Reichenauer Äbte betraut. Auf diese Weise gelangte Abt Heito (806–822), Waldos Nachfolger im Reichenauer Abbatiat, bis nach Konstantinopel. In den Jahren 810/811 leitete Heito zusammen mit dem langobardischen Grafen Aio eine Gesandtschaft, die am oströmischen Hof Verhandlungen zur Verbesserung der beiderseitigen Beziehungen führen und die Anerkennung von Karls Kaisertum durch den oströmischen Kaiser Michael erwirken sollte, ein Problem, das im dar-

Abt Heito wurde wie andere wichtige Persönlichkeiten aus der Reichenauer Geschichte im 18. Jahrhundert in Öl auf Leinwand gemalt.

auffolgenden Jahr im Vertrag von Aachen schließlich gelöst werden konnte. Sowohl diese Gesandtschaftsreise wie auch die Tatsache, daß Heito zu den Unterzeichnern von Karls Testament gehört, bezeugt die Vertrauensposition, die Heito am karolingischen Hof innehatte. Aus Byzanz brachte Heito viele Eindrücke und Anregungen mit, die in den Bau der Abteikirche einflossen. Auch entsprechende Handwerker hatte er aus dem fernen Land mitgebracht.

Schon bald nach seinem Amtsantritt nahm der Sohn und Nachfolger Karls des Großen, Ludwig der Fromme, eine umfassende Klosterreform in Angriff. Dazu berief er 816 eine Synode nach Aachen, die das monastische Leben auf den Prüfstand stellte und im Sinne des Reformers Benedikt von Aniane die Benediktinerregel einer grundlegenden Überarbeitung unterzog. Heitos aktive Beteiligung an diesen Beratungen ist ebenso nachgewiesen wie sein Interesse an der strengen Einhaltung der Mönchsgelübde, doch scheint er der Politik Ludwigs des Frommen gegenüber eher skeptisch gegenübergestanden zu haben. Was ihn letztendlich dazu bewog, 822 seine Ämter als Bischof von Basel und Abt der Reichenau aufzugeben, wissen wir nicht mit letzter Sicherheit. Im sechzigsten Jahr seines Lebens »riß eine Krankheit den würdigen Abt an den Abgrund des Todes«, so heißt es in der Visio Wettini. Es scheint dies aber eher der Anlaß als das Motiv für seine Resignation gewesen zu sein, denn an anderer Stelle heißt es vielsagend, daß »aus mancherlei Grund die Führung Heitos ihr Ende fand«. Sicher ist jedenfalls, daß Heito ab diesem Zeitpunkt noch 14 Jahre als einfacher, vermutlich aber auch angesehener und einflußreicher Mönch auf der Insel lebte, bis er im Jahr 836 dort verstarb. Erlebald (823–838), der ihn schon nach Byzanz begleitet hatte und ihn während seiner häufigen Abwesenheit vom Inselkonvent in seinem Amt vertreten hatte, wurde sein Nachfolger.

Mit diesem strengen und asketischen Abt scheint man sich im Reichenauer Konvent wieder mehr dem religiösen und klösterlichen Leben zugewandt zu haben. Ein Anliegen, das schon Heito besonders am Herzen lag, war das gegenseitige liturgische Gebetsgedenken. Eine Gebetsvereinbarung mit dem benachbarten St. Gallen bestand zwar schon seit dem Jahr 800, doch erhielt dieses Gebetsgedenken eine neue Qualität, als in den Jahren 824/825, kurz nachdem Heito sich von seinen Ämtern zurückgezogen hatte, das Reichenauer Verbrüderungsbuch angelegt wurde. In dieses Buch sowie in zwei Totenbücher, sind im Lauf der Zeit um die 40 000 Namen eingetragen worden, Namen der lebenden und der verstorbenen Mönche des

Ausschnitt aus einer Seite des Reichenauer Verbrüderungsbuches aus dem Jahr 824. Hier sind die Namen der verstorbenen Inselmönche verzeichnet.

eigenen Konvents, Namen von befreundeten Klostergemeinschaften und Namen von Gönnern und Förderern des Inselklosters. Die Bücher wurden während des liturgischen Gebets auf den Altar gelegt. Die Menschen, deren Namen in diese Bücher eingetragen waren, wurden so auch nach ihrem Tod in die Fürbitte der Mönche eingeschlossen. Durch dieses Gedenken der Brüdergemeinschaft im Gebet erhoffte sich der mittelalterliche Mensch eine größere Nähe zu Gott und das ewige Seelenheil. Für die Klostergemeinschaft war dies die Art, sich dankbar zu erzeigen; Hilfe der Stifter, die man zu deren Lebzeiten angenommen hatte, wurde durch das immerwährende Gebet vergolten. Durch ihre Präsenz in der Liturgie bildeten alle in die Gedenkbücher Aufgenommenen eine Gemeinschaft über den Tod hinaus. Die Gebetsverbrüderungen mit ihren liturgischen Gedenkbüchern stellen bemerkenswerte historische Quellen dar. Sie geben uns nicht nur einen Einblick in das Selbstverständnis der mittelalterlichen Gläubigen und ihre religiösen Vorstellungen, sondern setzen uns auch in Kenntnis über die Größe und die Zusammensetzung des Reichenauer Konvents über Jahrhunderte hinweg. So weiß man durch die Erforschung dieser Bücher, daß dem Konvent im 9. Jahrhundert stets etwa 110 bis zu 130 Brüder, im 10. Jahrhundert knapp unter 100 Mönche angehörten. Auch auf den ersten

Blick nicht ersichtliche Zusammenhänge (wie beispielsweise verwandtschaftliche Beziehungen von Klosterangehörigen in verschiedensten Teilen des Frankenreichs) wurden durch die Auswertung der Namenslisten offensichtlich. Das weitgespannte Geflecht, das die zu einer Verbrüderungsgemeinschaft miteinander verbundenen Klöster bildeten, tritt in den Gedenkbüchern deutlich zutage.

Während Heitos Zeit als »Abt im Ruhestand«, in der Nacht auf den 3. November 824, wurde sein Mitbruder und früherer Schüler Wetti von zwei Jenseitsvisionen heimgesucht. Da Wetti während der Traumvisionen den Auftrag erhielt, ihren Inhalt zu verkünden, ließ er mehrere Brüder zu sich rufen, denen er das Gesehene zu Protokoll gab. Kurz nach dieser Vision starb Wetti, und Heito verfaßte von dem Gehörten einen Prosabericht. Der damals 18-jährige Mönch Walahfrid Strabo, den der Tod seines Lehrers Wetti schwer erschüttert hatte, nahm diesen Bericht als Vorlage für sein erstes großes dichterisches Werk. Seine »Visio Wettini« enthält mehr als 900 lateinische Hexameter. Walahfrid schickte die Dichtung seinem einstigen Lehrer, dem Hofkapellan Grimald, einem Verwandten des verstorbenen Wetti, zur Durchsicht. In seinem Begleitbrief begründete er seine Bitte um Korrektur: er könne seinen strengen Vorgesetzten Erlebald und Tatto nur ein fehlerfreies Werk abgeben, wenn er keine Prügel bekommen wolle. Walahfrid, der sich selbst nach einem Augenfehler Strabo, der Schielende nannte, lebte seit seiner Kindheit im Kloster. Dort lernte er zunächst, was jeder Mönch in der Klosterschule lernte: Latein lesen, verstehen und abschreiben. Denn die Kenntnis der lateinischen Sprache war Voraussetzung für alles geistige Schaffen im Kloster. Nur ausgesprochen Talentierte, zu denen Walahfrid in besonderem Maße gehörte, waren in der Lage, in dieser Sprache auch zu dichten oder wissenschaftliche Traktate zu verfassen. Er habe einen Funken in sich, den es anzuzünden gelte, sagte er von sich selbst. Die Dichtung, seine vielzitierte »Schwester Muse«, war das Werkzeug, mit dem er ihn zum Brennen brachte.

Walahfrid hinterließ uns eine Fülle von Zeugnissen seiner dichterischen Begabung. Die »Visio Wettini« war Walahfrids erstes und zugleich umfangreichstes dichterisches Werk, das er auf der Reichenau verfaßte. Es folgten die Verslegenden »Leben und Tod des Mönches Mammes«, die Heiligenvita eines Märtyrers aus der Zeit der Christenverfolgung im 3. Jahrhundert, und »Leben und Tod des seligen Blathmac«, die Geschichte eines irischen Fürstensohns, der gegen den Willen seiner Familie Mönch im

Der Visionär Wetti ist auf einer Ofenkachel des Steckborner Ofens dargestellt. Der Ofen aus dem 18. Jahrhundert befindet sich in der Schatzkammer des Reichenauer Münsters.

Angst und Schrecken im Jenseits: Die »Visio Wettini«

Furchterregendes geschah im Kloster Anfang November des Jahres 824. Der Mönch Wetti, der Leiter der Klosterschule, erlebte in einer Nacht zwei Jenseitsvisionen. Nachdem er eines Abends urplötzlich seinen »stärkenden Trunk« nicht mehr vertragen hatte, sondern »gewaltige Schmerzen« und »bedrängende Angst« verspürte, hatte er zwei schlaflose Nächte. Nach dreitägiger Appetitlosigkeit legte er sich zu Bett, schloß die Augen, doch konnte er wieder keinen Schlaf finden. Da erschien ihm »der Geist des Trugs«, eine augenlose, einem Kleriker ähnlich sehende Gestalt. In seiner Hand ein Foltergerät, sagte er ihm voraus: »Morgen wirst du gepeinigt; vergolten wird, wie du's verdient hast!« Daraufhin erschien eine Schar waffentragender Dämonen, die ein enges Verlies um ihn herum zu bauen begannen. Benediktinermönche aber verscheuchten die Dämonen und ein Engel im Purpurgewand erschien ihm. Doch mitten im Gespräch mit dem Engel erwachte Wetti. Bleich vor Angst, rief er zwei Mitmönche herbei, die mit ihm beteten und, nachdem Wetti sich beruhigt hatte, sich neben ihn zum Schlaf niederlegten.

Da erschien ihm derselbe purpurgekleidete Engel noch einmal. Diesmal nahm er Wetti mit sich und geleitete ihn durch das Jenseits, vorbei an einem Feuerfluß, in dem Scharen von Sündern grauenvolle Strafen erlitten. Auch Mönche sah er unter den Büßern, Geistliche jeglichen Ranges, die die ihren Verfehlungen entsprechende Pein zu erdulden hatten. Selbst Waldo, der große Abt des Inselklosters war der Strafe nicht entgangen, als Vergeltung für seine Schuld saß er auf dem Gipfel eines Berges und hatte die Wut der Winde, das Tosen der Stürme und die Gewalt des Regens zu erleiden. Bald darauf erkannte Wetti voller Entsetzen Karl den Großen, ihm gegenüber ein Tier, das seine Geschlechtsteile zerfleischte. Diese schlimmen Qualen müsse er wegen der »schändlichen Wollust« erleiden, der er zu Lebzeiten frönte, bevor er – wie Wettis englischer Begleiter versicherte – als Belohnung für seine guten Taten das ewige Leben erlangen würde. Um sich selbst vor der ewigen Verdammnis zu retten, ermahnte der Engel den armen Wetti eindringlich, er solle seinen Mitmönchen von diesem Erlebnis künden. Besonders solle er sie dazu anhalten, sich vom Streben nach den irdischen Gütern loszusagen und »ihr Leben zu weihn im Dienste des Glaubens« – ähnlich den asketischen Wüstenmönchen an des »salzigen Meeres anderer Seite, ... die nichts Irdisches suchen, das nur dem Gelübde im Weg steht«. Des Purpurengels Führung endete mit dem leuchtenden Beispiel des Grafen Gerold, der für seine Wohltaten – den Märtyrern gleich – das ewige Leben erhalten hatte.

Wetti erwachte. Noch zitternd berichtete er seinen Mitbrüdern, was er gesehen hatte, ganz wie der Engel es ihm auferlegt hatte. Obwohl am nächsten Morgen keine Anzeichen einer Krankheit mehr zu beobachten waren, ließ Wetti seinen Schüler Walahfrid kommen und diktierte ihm zehn Abschiedsbriefe, in denen er die Adressaten um ihr Gedenken im Gebet bat. Noch in der Nacht verstarb er.

Das Jüngste Gericht im Perikopenbuch Heinrichs II. Die Toten verlassen ihre Gräber, um durch den Richterspruch in Selige und Verdammte geschieden zu werden.

Kloster des Hl. Columba auf der Insel Iona wird. Bei der Verteidigung des Heiligengrabes gegen heidnische Dänen erleidet Blathmac den Märtyrertod.

Daß Walahfrids schriftstellerische Tätigkeiten sowohl beim Abt seines Klosters wie auch bei seinem strengen Lehrer Tatto nicht immer auf Gegenliebe stießen, geht aus verschiedenen Andeutungen Walahfrids hervor. Seine Liebe zur Dichtkunst, die eine intensive Beschäftigung mit den Versen Vergils und Ovids zeigt, widerspricht der Tendenz seiner Lehrer, das asketische Moment des monastischen Lebens in den Vordergrund zu stellen. So finden sich in seinen Versen immer wieder Anspielungen auf Spannungen zwischen ihm und seinen Vorgesetzten. Daß Walahfrid aber im Jahr 827 die »Augia felix«, die »selige Insel, die ihn ernährt«, wie er noch im letzten Vers der Mammes-Legende formuliert, verlassen mußte, erfüllte ihn mit tiefem Kummer. Zunächst wurde er zu einem zweijährigen Studienaufenthalt in das Kloster Fulda zum berühmten Hrabanus Maurus geschickt. Nicht ganz freiwillig, aber gefügig, leistete er diesem Ansinnen Folge, gehörte die »oboedientia«, der Gehorsam, doch zu den benediktinischen Grundregeln. Danach folgte der Ruf an den kaiserlichen Hof nach Aachen, wo er mit der Erziehung Karls des Kahlen, dem Sohn Kaiser Ludwigs des Frommen und der Schwäbin Judith, beauftragt wurde. Aus dieser Zeit stammen mehrere theologische Werke, zahlreiche Schriften zur Grammatik und Metrik sowie mehrere biographische Arbeiten. Er gab das Einhardsche »Leben Karls des Großen« neu heraus wie auch die Biographie Ludwigs des Frommen, verfaßte die Gallusvita und das Leben des hl. Othmar neu. Die ergreifendsten Zeugnisse des Reichenauer Dichtermönchs aber sind jene, in denen er mit Hilfe seiner »Schwester Muse« seine Gefühlen Ausdruck verleiht, wie beispielsweise in seinem Liebeslied an die Reichenau. Sein Heimweh in Verse fassend, klagt er, wie viel Kummer es ihm bereite, fern von seiner heimatlichen Insel zu sein, auf der er mehr als zehn Jahre seiner Kindheit und Jugend verlebt hatte.

Aufgrund seiner Verdienste, die er sich im Zusammenhang mit der Erziehung des Königssohnes erworben hatte, wurde Walahfrid auf Betreiben Ludwigs des Frommen zwar im Jahr 838 als Abt der Reichenau eingesetzt, – insofern erfüllte sich die in seinem Heimwehgedicht ausgedrückte Hoffnung, die Insel wiederzusehen –, doch warf das reichspolitische Geschehen Schatten auf den Beginn seines Abbatiats. Kurz nach dem Besuch Kaiser Lothars auf der Reichenau im Jahr 838, bei dem Lothar dem Kloster die Reliquien des heiligen Januarius übereignet hatte, spitzte sich der Konflikt zwischen den Söhnen Ludwigs des Frommen zu. Als Ludwig der Deutsche Alemannien besetzte, war Walahfrid, der bei den Erbstreitigkeiten um das Reich schon immer für Lothar Partei ergriffen hatte, gezwungen, die Reichenau zu verlassen und sein Exil dort zu suchen, wo Lothar ihm Schutz bieten konnte. Wie schwierig seine Situation nach der Niederlage Lothars in der Schlacht von Fontenoy 841 war, drückte Walahfrid in einem Gedicht an Lothar aus: »Armut, Wehmut, Trauer, Ängste, Schrecken: Als Fremdling und Flüchtling irre ich in fremden Wohnstätten umher«. Jetzt trat sein einstiger Lehrer Grimald auf den Plan. Durch die Vermittlung des väterlichen Freundes – Grimald war inzwischen Abt von St. Gallen, außerdem zum Kanzler Ludwigs des Deutschen aufgestiegen – konnte Walahfrid 842 auf die Reichenau zurückkehren, um den Abbatiat wiederaufzunehmen. Doch sollten ihm nur noch sieben Jahre auf der Insel vergönnt sein. Auf einer Reise zu seinem ehemaligen Schüler Karl dem Kahlen ertrank Walahfrid im Jahre 849 erst vierzigjährig beim Überqueren der Loire.

Heimweh nach der Reichenau: Walahfrid Strabo in der Fremde

Schwester Muse, hilf mir klagen,
Melde, wie vom Heimatlande,
Ich geschieden trüb und traurig,
Tief gebeugt von bittrer Armut ...
Meine Tränen fließen, denk' ich,
Wie mir einst so wohl gewesen,
Da die Reichenau dem Knaben
Noch, die sel'ge, Obdach gönnte ...
Rings von Wassern wild umbrandet,
Stehst du fest, ein Fels der Liebe,
Streuest weit und breit der Lehre
Samenkörner, sel'ge Insel.
Immer steht nach dir mein Sehnen,
Dein gedenk ich tags und nächtens,
Die du uns versorgt mit allem,
Das wir brauchen, sel'ge Insel
Mögest fröhlich du gedeihen,
Stets dem Willen Gottes folgend.
Daß die Reichenau man selig
Preisen mög' und ihre Söhne.
Also füg' es Christi Gnade,
Daß ich einst dich wiedersehe
Und begrüße: »Sei gesegnet
Immerdar, erhabne Mutter« ...

(Walahfrid Strabo, Metrum saphicum,
übersetzt von Paul v. Winterfeld)

Kürbis, Rettich, Sellerie: der »Hortulus« des Walahfrid Strabo

Das wohl populärste Werk des Reichenauer Dichtermönchs Walahfrid Strabo ist sein »Liber de cultura hortorum« wörtlich das »Buch über den Gartenbau«. Im allgemeinen Sprachgebrauch wird es kurz und liebevoll »Hortulus«, wörtlich das »Gärtlein« genannt, und unter diesem Werktitel ist es auch international bekannt geworden. Sei es bei Botanikern, Medizinern, Pharmazeuten, Historikern oder Mittellateinern, Wissenschaftlern oder Gartenliebhabern, das Interesse an dieser Dichtung Walahfrids ist ungebrochen. Vielleicht ist das Gedicht erst während seiner Zeit als Abt auf der Reichenau entstanden, es zeugt zumindest von einer Ausgeglichenheit, Ruhe und Freude, die Walahfrid nicht in allen Lebensphasen vergönnt war. Er widmete das Werk seinem einstigen Lehrer Grimald, der den Abbatiat in St. Gallen innehatte, während Walahfrid Abt der Reichenau war. Sein väterlicher Freund ersteht vor seinem geistigen Auge, »unter dem laubreichen Wipfel der schattigen Obstbäume sitzend«, um ihn herum »die spielenden Knaben der fröhlichen Schule des Klosters«, die für ihn Pfirsiche sammeln.

Die im »Hortulus« beschriebenen Pflanzen sind in dem von der Gemeinde angelegten Kräutergarten nördlich des Münsters zu sehen.

In dem Büchlein über den Gartenbau beschreibt Walahfried in 444 lateinischen Hexametern 24 Pflanzen, die in seinem Klostergarten wachsen. Heute würden wir diese Pflanzen in die Kategorien Blumen, Heilkräuter und Gemüse einteilen, eine Kategorisierung, der die walahfridsche Ordnung aber noch nicht entspricht.

Als präziser Beobachter schildert er das Äußere der einzelnen Pflanzen, um dann auf ihr »Innenleben« einzugehen und das bis dahin Bekannte über deren Heilkräfte darzustellen. Das Ganze ist geistreich und poetisch, heute würde man sagen, mit »esprit« in Verse gefaßt. Läßt man sich darauf ein, so ist es ein Genuß, zu lesen, wie sprachgewaltig und farbig ein feinsinniger Mönch doch ein zumindest auf den ersten Blick nur mittelmäßig poetisches Gebilde wie beispielsweise einen Kürbis beschreiben kann.

Nicht aus Büchern, so schreibt Walahfrid, habe er sein Wissen bezogen, vielmehr habe ihn die Arbeit, die er der Muße vorzog, dies gelehrt. Die benediktinische Maxime »ora et labora«, »bete und arbeite« würde dem Müßiggang auch im Grundsatz widersprechen. Und doch spiegeln seine Verse auch den kontemplativen Teil dieser benediktinischen Grundregel wider, strahlen sie doch Ruhe aus und Freude an der geduldigen und genauen Beobachtung der Natur und der Pflanzen, die sie hervorbringt.

Walahfrid schildert, was es an Arbeit zu tun gibt in seinem Garten vor der Tür, damit nicht das Unkraut den Boden überwuchere, die Pflanzen nicht vor Durst erschlaffen und vieles andere mehr, was man aus Liebe zum Garten zu tun hat, um dem Boden die Früchte abzugewinnen. Schildert Walahfrid also die Mühsal des Gartenbaus aus eigener Erfahrung, so findet er doch auch trostreiche Worte für den Gärtner: Denn aller Eifer werde belohnt: »Was für ein Land du immer besitzest, und wo es sich finde,« so Walahfrids Urteil, kein Land verweigere es, die ihm eigenen Früchte hervorzubringen, vorausgesetzt der Gärtner läßt ihm seinen Fleiß angedeihen.

Wenn deine Pflege nur nicht ermattet in lähmender Trägheit,
Nicht sich gewöhnt zu verachten den vielfachen Reichtum des Gärtners
Törichterweise, und nur sich nicht scheut, die schwieligen Hände
bräunen zu lassen in Wetter und Wind und nimmer versäumet,
Mist zu verteilen aus vollen Körben im trockenen Erdreich.

Bildung und Wissensvermittlung, das sind die Domänen, die uns auf Schritt und Tritt begegnen, wenn wir uns mit der Klostergeschichte befassen. Im Früh- und Hochmittelalter erfüllten die Abteien die Funktion von Bildungsstätten. Fast das gesamte Wissen jener Zeit wurde in den Klosterschulen gesammelt, bearbeitet und weitergegeben. Wichtigste Säule dieser Wissensvermittlung war die Klosterbibliothek mit dem ihr angegliederten »Skriptorium«, der Schreibstube. Dem jahrzehntelangen Wirken einer wichtigen Persönlichkeit in der Reichenauer Bibliothek, Reginbert, haben wir es zu verdanken, daß wir über den Umfang der Bibliotheksschätze in der Karolingerzeit informiert sind. Reginbert, ein Zeitgenosse Heitos und Walahfrids, legte 821/822 einen Katalog aller in der Bibliothek vorhandenen Handschriften an, der mehr als 415 Bände verzeichnete. Mehrmals im Laufe seiner Amtszeit aktualisierte er dieses Verzeichnis und ergänzte es um die neu hinzugekommenen Bücher. Von seiner Liebe zu den Büchern und seiner poetischen Gabe zeugt sein in Verse gefaßtes Exlibris, mit dem er die Leser zu einer guten Behandlung seiner Bücher ermahnt:

> *Gott und des Herrn holdseliger Mutter zu größerer Ehre,*
> *All den Heiligen auch, den vielen, die Reichenau hegen,*
> *Hat dieses Corpus in sorglicher Arbeit mit Willen der Obern*
> *Reginbertus, der Schreiber, geschaffen. Er wünscht, daß es lange*
> *Bleib' in Benützung der Brüder und keinen Schaden erleide.*
> *Aber damit nicht doch seine Arbeit gelegentlich gehe verloren,*
> *Bittet er alle, beim liebwerten Namen des Herrn sie beschwörend:*
> *Keiner soll je dieses Werk einem andern nach auswärts vergeben,*
> *Wenn er zuvor nicht Treue gelobt oder Pfand hinterlegt hat,*
> *Bis der dem Kloster die Leihgabe unversehrt wieder zustellt.*
> *Du lieber Freund, bedenke die schwierige Mühe des Schreibens:*
> *Nimm und öffne das Buch, lies schonend, dann schließ und verwahr es.*

Hätten sich seine Nachfolger diese Verse zu Herzen genommen, dann wäre heute mehr als ein kleiner Restbestand der berühmten Bibliothek übriggeblieben.

Reginbert starb hochbetagt im Jahr 846. Schon zu Zeiten des Abtes Waldo in der Bibliothek tätig, sah er mehrere Generationen von Mönchen durch seine Schule gehen und berühmt werden. Auf ihn und einen jüngeren Mitarbeiter geht auch die Fertigung eines einzigartigen Dokuments des frühen Mittelalters zurück, der St. Galler Klosterplan, eine Grundrißzeich-

nung eines exemplarischen Benediktinerklosters der Karolingerzeit. Dieser Plan, so heißt es in der Widmung, wurde für Abt Gozbert von St. Gallen angefertigt, der gerade den Bau einer neuen Abteikirche plante. Handschriftenvergleiche ergaben, daß der Plan mit Reginberts Beteiligung in seinem Skriptorium entworfen und angefertigt wurde. Als einzige erhaltene Architekturzeichnung des frühen Mittelalters stellt er ein besonders außergewöhnliches Dokument dar.

Es folgten nun einige Jahrzehnte, aus denen nur wenige Nachrichten über die Reichenau überliefert sind. Im Jahr 888 jedoch tritt das Inselkloster wieder ins Rampenlicht der Reichsgeschichte. In diesem Jahr nämlich wurde Kaiser Karl III. auf der Insel bestattet. Karl III., der jüngste Sohn

Ein Beispiel für Reginberts bibliothekarische Arbeit: Links oben die Inhaltsangabe der Handschrift, im zweiten Abschnitt darunter das Exlibris Reginberts in Prosa.

Ludwigs des Deutschen, teilte sich das Ostfrankenreich mit seinen Brüdern, die aber schon kurz nach ihrem Amtsantritt verstarben, so daß er nicht nur, wie ursprünglich vorgesehen, Herrscher über Alemannien, sondern über das ganze ostfränkische Reich wurde. Eher aus dynastischem Zufall als infolge seiner Fähigkeiten konnte er für wenige Jahre noch einmal fast das gesamte Reich Karls des Großen vereinigen, wurde sogar in Rom zum Kaiser gekrönt. Karl III. litt schon seit seiner Kindheit an einer Krankheit, die man damals »dämonischen Mächten« zuschrieb, vielleicht war es Epilepsie. Die Krankheit brachte nicht nur seine Ehe zum Scheitern, sondern behinderte auch stark seine Regierungstauglichkeit. Infolge der Unfähigkeit, die immensen außen- und innenpolitischen Schwierigkeiten des Reiches zu meistern, wurde er 887 vom Adel des Ostreichs wieder abgesetzt. Zurückgekehrt nach Alemannien, verstarb er im Januar darauf in Neudingen bei Donaueschingen unter nicht einwandfrei geklärten Umständen.

Schon Jahre zuvor hatte Karl III. intensive Beziehungen zu den beiden Bodenseeklöstern Reichenau und St. Gallen gepflegt, sie mehrfach besucht und sich durch umfangreiche Schenkungen als Förderer hervorgetan. Liturgisches Gebetsgedenken zugunsten Karls gehörte in beiden Klöstern schon seit Jahren zur festen Gewohnheit. Für den Fall seines Ablebens hatte er mittels der Verschreibung von Gütern vorgesorgt, die an dasjenige Kloster fallen sollten, in dem er begraben würde. Seine ursprüngliche Begräbnisstätte befand sich neben dem Marienaltar in Heitos Kreuzbasilika, nicht weit vom hierher transferierten Grab des Grafen Gerold entfernt.

Die Inschrift dieser Platte erinnert an das Grab Kaiser Karls III.

Noch im gleichen Jahr wurde Hatto III. zum Nachfolger des verstorbenen Abtes Ruodho gewählt. Hatto war derjenige unter den Reichenauer Politiker-Äbten, der im Laufe seines Abbatiats die mächtigste Position bekleidete. Dies hatte seine Ursache in dem besonderen Vertrauensverhältnis, das er zu König Arnulf von Kärnten aufbaute. Zunächst bestanden in alemannischen Kreisen gewisse Vorbehalte gegen Arnulf, dem Konkurrenten Karls III., der nach dessen Absetzung zum König des ostfränkischen Reichs gewählt und damit auch in Schwaben Nachfolger des unglücklichen Kaisers Karl wurde. Fast wäre es sogar zum Aufstand gegen den neuen König gekommen. Politisch geschickt verstand es König Arnulf jedoch, auch den Süden in sein Stützpunktgeflecht einzubeziehen. Arnulf baute seine guten Beziehungen zu Abt Hatto III. weiter aus, begünstigte seine Abtei, übertrug ihm zusätzlich die Abtei Ellwangen und beförderte ihn 891 zum Erzbischof von Mainz. Hatto gehörte im Lauf der Zeit zusammen mit Salomon III., dem Abt von St. Gallen und Bischof von Konstanz, zu den wichtigsten Stützen in schwäbischen Gefilden. Für Hatto III. war dies mit wachsendem politischem Einfluß in unmittelbarer Herrschernähe und der ständigen Erweiterung seiner Machtbefugnisse verbunden. Als König Arnulf im Jahr 896 von Papst Formosus zum Kaiser gekrönt wurde, war es selbstverständlich, daß Hatto ihn auf seinem Romzug begleitete. Anläßlich der Kaiserkrönung erhielt Hatto von Papst Formosus Reliquien des hl. Georg und des hl. Pankratius, die er auf die Reichenau, in seine dort neu erbaute oder gerade noch im Bau befindliche Kirche im heutigen Oberzell verbrachte.

Drei Jahre später, im Dezember 899, starb Arnulf und hinterließ das Reich seinem sechsjährigen Sohn Ludwig. Hatto, nun der mächtigste Kirchenfürst des Reichs, übernahm die Regentschaft für den unmündigen König. Als Ludwig das Kind im Alter von 18 Jahren starb, bereitete Hatto die Wahl Konrads zum ersten König des Deutschen Reiches vor. Danach zog er sich aus der Politik zurück und starb im Jahr 913.

Das Ansehen eines Klosters hing nicht nur von seinem Reichtum und den Leistungen seiner Mönche und Äbte ab, sondern auch von seinen Reliquienschätzen. Sie wurden in Altären aufbewahrt und konnten Anlaß für weitreichende Umbaumaßnahmen an Kirchenbauten sein. In der Vorstellung des mittelalterlichen Menschen gingen von den Gebeinen und Überresten der Heiligen und Märtyrer segensreiche Kräfte aus. Über die Reliquien als Mittler zwischen Gott und Mensch konnten die Heiligen und Märtyrer auch noch nach ihrem Tod schützend und helfend in das diesseitige Leben eingreifen.

Die Abtei Reichenau besaß, im Gegensatz zum benachbarten St. Gallen, weder die Gebeine ihres Klostergründers noch anderer »einheimischer« Heiliger, um die sich ein Wallfahrtskult hätte bilden können. Die meisten Reichenauer Reliquien kamen aus weiter Ferne, aus Italien beispielsweise die Gebeine des Januarius und des Evangelisten Markus, aus dem Orient der Krug der Hochzeit von Kana. Wie das kostbare Gefäß aus dem Heili-

Das als Krug der Hochzeit zu Kana verehrte Marmorgefäß in der eigens dafür ausgemalten Nische im gotischen Chor des Münsters.

gen Land nach Spanien, von dort über Abt Hatto III. auf die Reichenau gelangte, wo es der ehemalige Jerusalemer Mönch Symeon als sein früheres Eigentum wiedererkannte, ist Gegenstand einer spannenden Erzählung. Dieser »Bericht über das Leben des Griechen Symeon«, der offenbar nach der Wiederauffindung »seines« Krugs in den Reichenauer Konvent eintrat und nach Ausweis der Gedenkbücher an einem 9. August dort verstarb, gehört zu den sogenannten »Orientgeschichten«, die im 10. Jahrhundert auf der Reichenau verfaßt wurden. Sie berichten uns farbig und spannend von den Abenteuern, die die jeweiligen Käufer, Zwischenbesitzer und Überbringer der wertvollen Reliquien erlebten, bis sie endlich den Ort ihrer Bestimmung, das Kloster Reichenau, erreichten.

Auch den Weg der Heiligblut-Reliquie, die im Jahr 925 zweifellos den Höhepunkt des Reichenauer Reliquienerwerbs darstellte, hat ein Reichenauer Mönch in einer solchen Orientgeschichte nachgezeichnet. Sie beginnt in den Tagen Karls des Großen. Dieser habe von Azan, dem Präfekten von Jerusalem, eine ganze Anzahl von Christusreliquien erhalten. Darunter – so heißt es in dem Bericht –, sei auch »ein kleines Kreuz, aus Gold und Edelsteinen gefertigt, es enthält in den Balken ebenfalls das Blut Christi und in der Mitte ein Teilchen des Kreuzes des Herrn«. Da Hunfrid, ein churrätischer Vertrauter Karls des Großen, sich das Kreuz als Geschenk für seine Dienste aussuchte, gelangte es nach Churrätien in das Kloster Schänis. Stets seine Wunderkraft beweisend, wurde es über mehrere Generationen weitervererbt, bis es im Jahr 925 die damalige Besitzerin Suanahild dem Inselkloster schenkte. Zur Aufbewahrung dieser für das geistliche Leben des Inselkonvents wohl wichtigsten Reliquie wurde im Osten der Abteikirche eine Heilig-Kreuz-Rotunde angebaut, die aber im Spätmittelalter dem Bau des gotischen Chors zum Opfer fiel.

Die Heiligblut-Reliquie. Das die Reliquie enthaltende Kreuz wurde im 10. Jahrhundert für ein byzantinisches Kloster hergestellt. Die mit Edelsteinen besetzte Fassung, die in die Monstranz eingehängt wird, entstand anläßlich der Rückkehr aus dem Kloster Günterstal im Jahr 1738.

»Ich bin Markus, der Theologe«: die Markusreliquie auf der Reichenau

»Über die Wundertaten und die Wirkmächtigkeit des heiligen Evangelisten Markus« – so lautet der Titel eines Werks, das um das Jahr 930 von einem uns unbekannten Reichenauer Mönch verfaßt wurde. Die Geschichte beginnt »zur Zeit des großen Kaisers Karl« und spielt zunächst in Italien. Dort lebte Ratolt, der Nachfolger Eginos von Verona auf dem Veroneser Bischofssitz. Ratolt hätte die Nachfolge Eginos auch gerne in Reichenau-Niederzell angetreten, bekam aber von Erlebald, dem damaligen Abt des Inselklosters, dazu nicht die Erlaubnis. Zum Ausgleich hatte man ihm auf dem gegenüberliegenden Festland ein Gebiet angeboten, wo er ein eigenes Kloster, die »Ratoltescella«, das heutige Radolfzell gründen konnte. Als Gegenleistung schenkte Ratolt der Reichenau im Jahr 830 die Reliquien des heiligen Markus.

Ratolt wiederum hatte die Gebeine von einem Mann aus Venedig gekauft, sie allerdings nur gegen das Versprechen erhalten, zu seinen Lebzeiten niemals den wahren Namen des Heiligen zu verraten. Die Echtheit der Markusreliquie hatte Ratold zuvor durch Eid und Gottesurteile geprüft, unter anderem anhand des sogenannten »Kesselfangs«. Dazu mußte der venetianische Verkäufer die rechte Hand zum Eid erheben, gleichzeitig mit der linken einen Stein aus einem Kessel mit kochendem Wasser herausgreifen, das (vorausgesetzt, die Reliquien waren echt) keine Verbrennungsspuren hervorrufen durfte. Offenbar hat der Verkäufer die Prüfung bestanden.

So kam Markus im Jahr 830 also zunächst »inkognito« auf die Insel und wurde dort als St. Valens verehrt. Doch der Heilige sollte seine Identität bald selbst offenbaren: Er erschien dem Konstanzer Bischof Gebhard im Traum, bekannte zuerst seinen wahren Namen und beklagte sich dann bei ihm über die unsachgemäße Verwahrung seiner Gebeine auf der Reichenau, die dort bereits in Fäulnis übergegangen seien. Als der Bischof den Auftrag, den Reichenauer Abt zu einer würdigeren Unterbringung zu veranlassen, nicht sofort erfüllte, erschien Markus ihm in zwei weiteren Visionen, den unfolgsamen Gebhard heftig tadelnd: »Warum hast du es versäumt, meinen Auftrag auszuführen?« Und er fügte hinzu: »Du sollst wissen, daß du in kurzer Zeit an dir selber spüren wirst, wie gefährlich es für dich ist, meinen Befehl nicht erfüllen zu wollen.« Heftig er-

Der Markusschrein entstand zwischen 1303 und 1305 vermutlich in einer Konstanzer Werkstatt.

Schmalseite des Markusschreins. Auf dem Relief ist Bischof Ratold von Verona zu sehen. Der venezianische Reliquienverkäufer schwört, daß die Reliquie echt ist und unterzieht sich dem »Kesselfang«.

schrocken berichtete der Bischof von dem Erlebten und gab den wahren Namen des Heiligen bekannt. Der Konvent veranlaßte sofort eine adäquate Unterbringung der Gebeine. Dennoch wurde Bischof Gebhard unmittelbar nach diesem Erlebnis von einer Krankheit ergriffen und starb.

Freilich gab Markus nicht nur dieses eine Zeichen seiner Kraft. In der Folge wird von mehreren Heilungswundern berichtet. Bei Zweifeln an der Echtheit der Reliquie fand Markus sofort Mittel und Wege, diese zu zerstreuen. So geschah es bei zwei auswärtigen Brüdern, die im Reichenauer Kloster zu Gast waren. Kaum hatten sie ihre Bedenken geäußert, erschien er einem der Ungläubigen im Traum: »Ich bin Markus, der Theologe, aus weiter Ferne hierher gebracht«, gab er sich zu erkennen. Er könne keine Ruhe finden und sei in schwerer Sorge, so offenbarte er dem zweifelnden Bruder, »denn in wenigen Tagen werden sehr viele Orte niedergebrannt, Kirchen werden zerstört und der größte Teil des Volkes wird dem Schwert zum Opfer fallen.« Da sich diese Weissagung mit den Ungarneinfällen im Jahr 926 tatsächlich bewahrheitete, konnte die »Echtheit« der Markusrelique nach der Lektüre dieser Schrift auch von Skeptikern nur noch schwerlich angefochten werden.

Hatte sich die Abtei in der ersten Hälfte des 10. Jahrhunderts mit dem Reliquienerwerb vornehmlich auf den monastischen Bereich konzentriert, so brach nun unter den Ottonen eine zweite Blütezeit an, die man gemeinhin als »silbernes Zeitalter« des Inselklosters bezeichnet, die dem Glanz des »goldenen« aber in nichts nachstand. Die Abtei war in dieser Zeit bestrebt, sich eng an das ottonische Königtum wie an das Papsttum zu binden und dabei die eigene rechtliche Stellung und die geistliche Würde zu erhöhen. Verbunden war dies mit der Pflege enger Beziehungen zu den in den unmittelbaren Beraterkreis der Ottonen gehörenden Herzögen von Schwaben. Sowohl Hermann I. († 949), durch den das Kloster in den Besitz von umfangreichen Gütern auf der Baar kam, als auch Burkhard III. († 973), aus dessen Besitz die Güter um Schleitheim stammen, ließen sich auf der Reichenau begraben. Im Verlauf des 10. Jahrhunderts läßt sich die enge Kooperation der Abtei mit den ottonischen Herrschern in Schenkungen, Privilegierungen und Herrscherbesuchen von Otto I. und Otto II. erkennen. Sie spiegelt das Bemühen, das Selbstbewußtsein der Abtei zu erhöhen und ihre Vorrangstellung auszubauen. Die Konkurrenz mit dem Kloster St. Gallen und besonders mit dem Bischofssitz Konstanz dürfte bei diesen Bestrebungen eine Haupttriebfeder gewesen sein. Um die Jahrtausendwende zur Zeit Ottos III., konnte man die Früchte dieser Bemühungen ernten. Wieder finden wir die Äbte als Stützen des ottonischen Herrschaftssystems im engsten Umkreis Ottos III., das »servitium regis« leistend, den »Dienst am König« in politischer und militärischer Hinsicht. Mit einem Troß von 60 Panzerreitern im Gefolge nahm Abt Witigowo im Jahr 996 am ersten Romzug Ottos III. zur Kaiserkrönung teil, sein Nachfolger Abt Alawich II. an Ottos zweitem Romzug im Jahr 997/998. Für seine treuen Dienste erhielt Alawich dort von Papst Gregor V. wichtige Privilegien, so ein Marktprivileg, das ihn berechtigte, in Allensbach einen Markt zu gründen, womit die wirtschaftliche Situation des Klosters verbessert werden konnte, aber auch Rechte, die geeignet waren, das Ansehen der Abtei beträchtlich zu steigern. So sollten Alawich und in der Zukunft alle seine Nachfolger im Abbatiat berechtigt sein, ihre Weihe direkt vom Papst zu empfangen, und beim Gottesdienst Dalmatik und Sandalen tragen zu dürfen. Dieses Symbol, nämlich die Ehrenkleidung der päpstlichen Kardinäle zu tragen, bedeutete für einen mittelalterlichen Abt keine nebensächliche Modifizierung der Kleiderordnung, sondern war Ausdruck einer besonderen Rechtsstellung der Abtei und daher von außerordentlichem Gewicht. Konkret bedeutete dies für die Reichenau eine völlige Unabhängigkeit vom Konstanzer Bischofssitz. Durch dieses Privileg, das bis dahin nur äußerst selten an einen Abt vergeben wurde, wurde die Reichenau in den Kreis der ersten Abteien im Reich erhoben.

Herrschernähe, politische Bedeutung, rechtliche und geistliche Aufwertung, Status und Position: das waren keine losgelösten Kategorien zur Beurteilung von Rang und Namen der Abtei. Betrachten wir die Ergebnisse ihres Schaffens in der Ottonenzeit, so sehen wir, daß der äußere Glanz durchaus auch seinen »Sitz im Leben« des Inselklosters hatte. Besonders deutlich wird dies auf dem Gebiet der Bautätigkeit und im künstlerischen Bereich der Reichenauer Malerschule.

»So wie der Himmel von der mannigfaltigen Ordnung der Sterne geschmückt ist, so wirst du, bekränzt von deinen Kirchen, gleichsam mit Sternen besetzt.« Mit einem Sternenhimmel also vergleicht sein Biograph Purchard das Ergebnis von Abt Witigowos Baufreude. Schon im Jahr seines Amtsantritts ließ Witigowo eine Januariuskapelle bauen, in den Jahren danach folgte eine Kapelle zu Ehren des Klostergründers Pirmin und eine Kirche für den heiligen Bartholomäus, erneuert und verschönert wurden die Pelagiuskirche und die Kirche des Heraclius und Erasmus. Zählt man noch die schon bestehenden Kirchen hinzu, wie die Kilianskapelle oder die Pfarrkirche St. Johann, fanden sich zusammen mit Witigowos Bauten rund zwei Dutzend Kirchen und Kapellen auf der Insel. Zu beobachten ist eine Bautätigkeit ganz ähnlich derjenigen am Bischofssitz Konstanz, das zur gleichen Zeit daran arbeitete, die Hauptkirchen Roms nachzuahmen. Witigowos Bauwerke wurden mit kunstvollen Wandmalereien, zahlreichen Altären und kostbaren Antependien aus Gold und Edelstein ausgestattet. Die Abteikirche wurde vergrößert, der ganze Kreuzgang des Klosters wurde ausgemalt mit Bildern von Witigowos Vorgängern und ihren Taten.

Die sogenannte »Witigowosäule« im südlichen Seitenschiff des Münsters stammt möglicherweise aus der Langhauserweiterung Abt Witigowos, vielleicht sogar schon aus dem Langhaus des 9. Jahrhunderts.

Augia und Witigowo oder: »Szenen einer Ehe«

Schwer zu tragen hat sie, die »Augia«, an ihrem Bauwerk, das sie, auf ihre Schultern gestemmt, der Gottesmutter darbringt. Sie fügt den vielen alten und den neu erbauten Kirchen und Kapellen, die gleich einem »Sternenkranz« die Insel schmücken, noch eine weitere hinzu. Dieses Motiv hat der Reichenauer Buchmaler für das Widmungsbild der Handschrift gewählt, die die »Taten des Abtes Witigowo« zum Inhalt haben. Vor dem Thron der Gottesmutter kniet Purchard der Autor, wahrscheinlich auch der Illustrator der Biographie. Zu ihrer Linken sehen wir den Klostergründer Pirmin mit einer Schar Reichenauer Mönche, zu ihrer Rechten Abt Witigowo, den Helden der Dichtung. Purchard, der sich in der Miniatur bescheiden »rusticus poeta«, bäurischer Dichter nennt, hat von seinen Lehrern den Auftrag bekommen, ein Lobgedicht zu verfassen, nicht etwa, so vermutet er, weil er dafür besonders geeignet wäre, sondern damit er sich »nicht länger der Faulheit hingebe« und »dem Müßiggänger das Heilmittel einer Arbeit gegeben werde.« Ein Lobgedicht über die Taten des großen Abts sollte es sein, aber Purchard hat für das Lob die Form eines Klagelieds gewählt: die Wehklage der vernachlässigten Braut – »Augia«, Reichenau, heißt sie mit Namen – über ihren Bräutigam Witigowo. »Warum sieht man dich da sitzen und die Wangen mit Tränen benetzen mit gesenktem Blick ...«, fragt der Dichter die personifizierte Augia. »Warum jubelst du nicht, die du voller Reichtum überfließt?« »Mir würde nicht der gute Mut fehlen«, antwortet Augia, »wenn mein Bräutigam nur andauernd, beständig und ohne umherzuschweifen hier am Orte bleiben und mit mir leben wollte«. Denn »öfter lenkt er sein häufiges Eilen zum König, wo er für die Dauer vieler Tage verweilt und sich mit dem König freut und der sich mit ihm«. Dabei ist sie voll Bewunderung für den Einfluß, die Macht und das Ansehen, das ihr Bräutigam in der Welt erlangt hat. »Als Erster mit den Ersten aus dem lieblichen Schwabenland« zog er mit dem König nach Rom, wo er »beträchtlich die kaiserlichen Schlachtreihen mehrte ... mit zahlreichen Soldaten«, so daß die Italiener, schwer beeindruckt, sich fragten, wer denn dieser Mann sei, der da so große Macht besitze. »Ihn hat uns die Reichenau geschickt«, antwortete man ihnen. Da Witigowo offenbar ein begabter Redner war, wurde er zum königlichen Sprecher, zum »Mund des Königs« erhoben. Niemand wende sich gegen seinen Willen, so berichtet Augia voller Stolz, denn als der »rechten Hand des Königs« gehorche alles seinen Worten. Doch dann beklagt sie voller Sehnsucht wieder den Nachteil dieses Ruhms, seine ständige Abwesenheit: »Während er so die Zeit verbringt und dem könig-

Inapit hic textus perdicta poetica scriptus.
Floreat inquantis ornatib. augia felix.
Hac instructura quam fecit nobilis abba

lichen Szepter dient, da mag er sich nicht an seine Braut erinnern, die er zu Hause zurückgelassen hat. Wenn er dann endlich den szeptertragenden Hof verläßt und in die Heimat zurückkehrt, kommt er schließlich wie jeder andere Fremde und bleibt voller Groll kaum eine Nacht ... Dann wird sein Geist wieder von dem Wunsche ergriffen, abzureisen ... Die Reise wird nicht aufgeschoben, und er läßt mich ihm wie immer in Trauer die gewohnten Klagen nachrufen. In beständiger Eile verbringt er dann lange Zeit, kehrt am Ende vieler Tage zurück und sagt, wenn er ankommt: ›Sei gegrüßt, Liebste.‹ Kaum hat er das gesagt, da sagt er schnell: ›Machs gut!‹ Und so kommt der Abschied, noch bevor ein Kuß den Gruß besiegelt. Dann umrundet er in vielfältigen Reisen die ganze Welt ...«

Purchards Gedicht trifft vermutlich ziemlich genau die Stimmung im Inselkonvent, die zur Zeit Abt Witigowos herrschte. Man ist voll des Lobes über das Ansehen und die Ehre, die der Abt dem Kloster einbringt, indem er »die Welt umrundet«, man weiß auch die »Geschenke« zu schätzen – Privilegien oder Reliquien zumeist –, die er von seinen »vielfältigen Reisen« mitbringt, und steht staunend vor der Pracht, mit der er als Bauherr und Kunstfreund die Reichenau erneuert hat. Und dennoch mischt sich in die Bewunderung auch Mißbehagen und Unmut, vor allem weil die Baukosten für den Inselkonvent nicht mehr zu tragen sind. Soviel Unmut, daß die »Eheprobleme« zur »Scheidung« führen und die Mönche ihren »goldenen« Abt absetzen. Seine »Reisen« auf dem Pferd des irdischen Ruhms und der Ehre sind ihm zum Verhängnis geworden.

Und nicht zuletzt entstand, nicht weit entfernt vom Klosterbereich, eine Kaiserpfalz. Hier konnte der sich ständig auf Reisen befindende kaiserliche Herrscher standesgemäß empfangen werden. All dies demonstriert augenfällig, daß dem Abt Witigowo nichts zu kostbar war, um das äußere Erscheinungsbild seiner Klosterinsel ihrer Bedeutung anzupassen und gleichzeitig seine Verbundenheit mit den ottonischen Herrschern zu beweisen. Doch Witigowo hatte mit seiner Bautätigkeit, seiner Kunstbegeisterung und seiner in benediktinischem Sinne vielleicht doch allzu irdischen Ruhmsucht den Bogen überspannt. Als die Ausgaben für Prunk und Luxus ein gewisses Maß überstiegen, regte sich im Konvent der Widerstand. Die Mönche – Witigowos Biograph Purchard spricht von einer »Feindesschar« – setzten ihn ab.

Kapitell mit floralen Zierformen. Nach dem Abbruch des Pfalzgebäudes war es in einem Privathaus verbaut. Möglicherweise stammt es aus Witigowos Pfalzbau, doch läßt es sich als Einzelstück ohne eingehende Untersuchung nicht mit letzter Sicherheit zuweisen.

Im Dienst der Liturgie: Die Malerschule des Reichenauer Skriptoriums

Im Skriptorium, der Schreibstube eines Klosters, spielte sich die gesamte Herstellung der Bücher ab: auf die Vorbereitung des Pergaments – rasierte Kalbs- oder Schafhaut – folgte das mühevolle Abschreiben der Texte von Hand, bei etlichen die Illustration mit prachtvollen Miniaturen und schließlich das Binden der Handschrift zum fertigen Codex. Seinen Höhepunkt erlebte das Skriptorium des Inselklosters in den Jahrzehnten um die Jahrtausendwende. Zu dieser Zeit hatten die Reichenauer Mönche außerordentlich begabte Maler in ihren Reihen, deren Werke zu den bedeutendsten der abendländischen Buchkunst zählen. Wir verdanken ihnen Prachthandschriften mit zahlreichen ganzseitigen Miniaturen und wahrhaft prunkvollen Initialen. Kostbarste Materialien – Gold, Silber und Purpur – wurden für die Zierseiten verwendet, Gold und Elfenbein für den Einband. Mit der steigenden Qualität der im Kloster hergestellten Handschriften, produzierte das Skriptorium nicht mehr nur für den Eigenbedarf, sondern erhielt ehrenvolle Aufträge. So entstanden für Kaiser Otto III. und dessen Nachfolger Heinrich II. großartige Luxushandschriften, die zu den zentralen

Das Hornbacher Sakramentar entstand zwischen 970 und 990 im Reichenauer Skriptorium.

Werken der Kunst jener Zeit gehören und im europäischen Vergleich einen herausragenden Rang beanspruchen können.

In einigen dieser Codices geben sich die Schreiber in einem Widmungsbild zu
erkennen. Anhand solcher Informationen und durch stilistische Vergleiche kann
man die im Lauf der Jahrzehnte im Skriptorium arbeitenden Illustratoren zum
Teil identifizieren und diejenigen Codices, an denen sie mitgewirkt haben, zu
Gruppen zusammenfassen. So läßt sich in einer frühen Entwicklungsphase die
Handschriftengruppe um die beiden Schreiber Anno und Eburnant fassen. Zu
dieser Gruppe zählen der Gero-Codex, der früheste illuminierte Codex des Reichenauer Skriptoriums, das Petershausener Sakramentar und das Hornbacher
Sakramentar. In der darauffolgenden Entwicklungsphase entstanden die Handschriften der Ruodprechtgruppe, wie beispielsweise der Egbert-Psalter oder das
Poussay-Evangelistar, in denen prächtige, mit Goldtinte auf dunklem Purpur
aufgebrachte Blätterranken- und Gitter-Ornamente zu bewundern sind. Der Eg-
bert-Codex stellt die Verbindung zur zeitlich sich anschließenden Liuthar-
Gruppe dar. Die nach dem Schreiber Liuthar benannten Codices sind die
berühmtesten Prachthandschriften der Reichenau. Dazu gehört beispielsweise

*Links sehen wir eines
der vier Widmungs-
bilder. Diese zeigen
wie der Codex vom
Schreiber Eburnant an
seinen Abt Adalbert
übergeben wird.
Adalbert gibt die
Handschrift an
Pirmin, den Gründer
des Klosters Hornbach
weiter, der das Buch
dem Apostel Petrus
überreicht.*

das nach seinem heutigen Aufbewahrungsort, dem Aachener Münsterschatz, benannte Aachener Otto-Evangeliar oder das Evangeliar Kaiser Ottos III. der Staatsbibliothek München, ebenso die Bamberger Apokalypse, das Perikopenbuch Heinrichs II. und die Bamberger Kommentare, um nur die bekanntesten zu nennen. Dem Rang der kaiserlichen Auftraggeber entsprechend, haben die Miniaturen nun statt dem purpurfarbenen häufig einen goldenen Hintergrund, vor allem sind sie meisterhaft ausgeführt. Mit den Handschriften der Liuthargruppe ist die Reichenauer Buchillustration auf dem Höhepunkt ihres Schaffens angekommen.

Diese als Auftragsarbeiten geschaffenen Prachthandschriften sind heute – es sind noch um die 40 Codices erhalten – in ganz Europa verstreut. Glücklicherweise, denn auf der Reichenau wäre ihnen vermutlich ein weniger günstiges Schicksal beschieden gewesen: In den Zeiten des Niedergangs wurden die Bücher nicht gerade pfleglich behandelt, viele gingen verloren, wurden verliehen und nicht wieder zurückgegeben, in den schlimmsten Zeiten wurden sie teilweise sogar versetzt. Die Restbestände der ehemals so bedeutenden Bibliothek – darunter etwa 300 Pergamenthandschriften – wurden bei der Säkularisation in die Badische Landesbibliothek Karlsruhe gebracht, wo sie bis heute der Wissenschaft zur Verfügung stehen. So kommt es, daß sich im Reichenauer Münsterschatz nur noch zwei einzelne Blätter einer Handschrift aus der Blütezeit der Abtei befinden.

Bildnis eines Abtes im zweiten Arkaden-zwickel auf der Süd-seite von St. Georg.

Begabte Maler wie diejenigen, die Witigowos Kirchen ausmalten, waren auch im Skriptorium der Abtei zu finden, das um die Jahrtausendwende den Höhepunkt seiner Leistungen erreichte und den kaiserlichen Hof mit liturgischen Prachthandschriften belieferte. Auch der Bereich der Buchmalerei war geeignet, die Verbundenheit mit dem Herrscher zu demonstrieren. Denn im Skriptorium einer Abtei, die dem Herrscher nahestand, deren Abt sich als Berater im engeren Umfeld des Kaisers befand und dessen Politik in jeder Hinsicht unterstützte, war man auch gerne bereit, die ottonische Herrschaftsidee in geeigneter Weise ins Bildprogramm umzusetzen. Auch hier zeigt sich die Charakteristik des ottonischen Reichskirchensystems. Kirche, Kunst und Politik waren im frühen Mittelalter so eng verflochten, daß sie kaum als eigene Kategorien wahrzunehmen sind. Alles gehorchte dem göttlichen Heilsplan, und diesem war alles Handeln untergeordnet.

Kunst für den Kaiser: Otto III. im Reichenauer Bildprogramm

»Möge Gott dein Herz mit diesem Buch umhüllen, erhabener Otto, und dich daran erinnern, daß du es von Liuthar empfangen hast.« Mit diesen Worten überreicht der Reichenauer Mönch Liuthar Kaiser Otto III. das von ihm geschriebene, vielleicht auch von ihm illustrierte Evangeliar, das heute im Aachener Münsterschatz aufbewahrt wird. Liuthar selbst ist auf der sogenannten Widmungsseite dargestellt, wie er sich mit dem in Gold gebundenen Evangeliar dem Kaiser nähert.

Was Liuthar auf der gegenüberliegenden Seite geschaffen hat, ist eine Herrscherdarstellung, die in ihrer Verherrlichung des Kaisers alles bisher Dagewesene weit hinter sich läßt: Der Empfänger des Evangeliars, Kaiser Otto III., thront in der Mandorla, ein Platz, der in mittelalterlichen Miniaturen sonst nur Christus vorbehalten ist. Das Haupt des Kaisers dringt in die göttliche Sphäre vor, die von einer Schriftrolle von der irdischen Sphäre getrennt wird. Von Gott – symbolisiert durch eine Hand – erhält der Kaiser die Krone. Die Schriftrolle wird von den vier Evangelistensymbolen gehalten und »umhüllt« des Kaisers Herz, wie es Liuthar wünschte. Lediglich mit den Füssen steht der Kaiser auf der Erde, die von der Figur der Terra symbolisiert wird. Im Motiv, nicht in der Ausführung, ähnlich wie die Augia in der Schularbeit des Witigowobiographen Purchard, trägt sie den Thron auf ihren Schultern. Zur Rechten und zur Linken des Thrones huldigen zwei Könige, die wohl die Oberhäupter der soeben christianisierten Ungarn und Polen verkörpern. Im unteren Bereich des Bildes befinden sich zwei Vertreter des Adels und zwei an ihren Tonsuren erkennbare Vertreter der Geistlichkeit, als Stützen der kaiserlichen Macht.

In dieser Herrscherdarstellung wird die Auffassung von Ottos Königtum sinnfällig erklärt und zu einem Bild verdichtet. Sichtbar wird das sogenannte »christozentrische« Weltbild Ottos, der seinen Anspruch auf die Vorherrschaft in der christlichen Welt direkt von Gottes Gnade ableitete. Ein solches Verständnis von Herrschaft erklärt auch, daß Otto sich dazu berechtigt fühlte, Päpste einzusetzen, wie er es mit der Einsetzung seiner Vertrauten Gregor V. und Sylvester II. bewiesen hat. Seine Macht war ihm seiner Auslegung nach direkt von Gottes Gnade verliehen. Sie hat ihn zum – wie er selbst sagt – »Diener der Apostel« bestimmt und damit zur Herrschaft über alle christlichen und zur Christianisierung aller Christus noch nicht dienenden Völker.

Die kühne Bildschöpfung des Reichenauer Mönchs von diesem »göttlichen« Kaiser offenbart zugleich auch den Blick der Abtei auf das Sakralkönigtum

*Das Thronbild aus
dem Evangeliar
Ottos III. im Aachener
Münsterschatz.*

Ottos III. und beweist ihre positive Einstellung zur ottonischen Reichsidee. Das
Bildprogramm ihres Skriptoriums zeigt einmal mehr die enge Verflechtung von
Kirche und Christentum, Politik und Herrschaft im ottonischen Reich.

Die von Heinrich II. betriebene cluniazensische Reform der Reichsklöster hatte für die Reichenau zunächst negative Auswirkungen. Unter Mißachtung des freien Wahlrechts zwang Heinrich dem Konvent den reformstrengen Abt Immo von Gorze auf, der dem Widerstand der Inselmönche jedoch nur zwei Jahre lang standhalten konnte. Einzelheiten über die Grausamkeit dieses Abts waren Gegenstand eines Gedichts des Mönches Ruodpert, das aber leider nicht erhalten ist. Im Jahr 1008 wurde Immo durch Abt Berno abgelöst, der dem Konvent vier Jahrzehnte lang vorstand. Berno war ein im Kloster Fleury ausgebildeter Reformbefürworter, dem es trotz seiner Haltung gelang, die Spannungen im reformfeindlichen Inselkonvent abzubauen, und seine Reformbestrebungen durchzuführen, ohne dabei das hohe Niveau der Abtei im künstlerischen Bereich zu gefährden. Was die Wissenschaft angeht, hatte Berno selbst großen Anteil am neuen Aufschwung des Klosters zu einem Hort der Gelehrsamkeit. Besonders der

Das 1048 geweihte Westwerk des Münsters St. Maria und Markus.

mathematisch orientierte Zweig der »septem artes liberales« – das war der Kanon der mittelalterlichen Schulfächer – erhielt zu Bernos Zeiten Auftrieb. Diese »sieben freien Künste« gliederten sich in das »Trivium«, einen sprachlich-philosophisch-theologischen Zweig, bestehend aus Grammatik, Rhetorik und Dialektik und in das »Quadrivium«, den eher mathematischen Zweig, der die Bereiche Arithmetik, Geometrie, Astronomie und die Musik beinhaltete. Zahlreiche von Berno verfasste Schriften sind erhalten: liturgische Dichtungen, hagiographische Texte, Werke aus dem Bereich der Theologie oder aus der Liturgie. Manches uns heute Bekannte geht auf Bernos Traktate zurück, so beispielsweise die noch heute gültige Zählung der Adventssonntage, oder in der Liturgie, die Regeln zum Usus des Gloria. Sein am weitesten verbreitetes Werk wurde der

»Tonar«, ein nach Tonarten zusammengestelltes Verzeichnis der gregorianischen Gesänge, das zum reichsweit benutzten Schulbuch wurde. Bernos Konzentration auf die monastischen Belange und die Wissenschaft bedeutete nicht, daß er nicht das ottonisch-salische Königtum unterstützt hätte. Er pflegte beste Beziehungen zu Heinrich II., den er im Sinne des »servitium regis« 1014 zur Kaiserkrönung nach Rom begleitete, und auch beim Italienzug im Jahr 1021 war Berno im Gefolge Heinrichs II. zu finden. Während die Beziehungen zu Konrad II. weniger intensiv waren, empfing er dessen Nachfolger Kaiser Heinrich III., mit dem er in engem Briefkontakt stand, im Jahr 1040 auf der Reichenau. Gegen Ende seines Abbatiats nahm er den Bau des Westwerks des Reichenauer Münsters mit dem Markuschor in Angriff, das in Anwesenheit des Kaisers am Vorabend des Markusfestes des Jahres 1048 eingeweiht werden konnte. Berno starb nur wenige Wochen nach diesem Ereignis am 7. Juni 1048.

Während Bernos Abbatiat sollte die Reichenau ihren letzten »großen Sohn« hervorbringen: Hermann den Lahmen, der aus dem Grafengeschlecht von Altshausen stammte und mit sieben Jahren dem Kloster übergeben wurde. »Er litt seit frühester Jugend an einer Lähmung aller Glieder«, schrieb sein Biograph Berthold, »seine Gliedmaßen waren alle auf so

Blick vom Westquerhaus Abt Bernos nach Osten in das Langhaus.

grausame Weise versteift, daß er sich von einer Stelle, auf die man ihn niedersetzte, nicht wieder ohne Hilfe wegbewegen konnte. Er vermochte sich auch nicht auf die eine oder andere Seite zu drehen. Wenn er von seinem Diener in einen Tragsessel gesetzt wurde, konnte er kaum zu irgendeiner Tätigkeit gekrümmt sitzen«. Doch so unbeweglich sein Körper war, so wendig war sein Geist. Höchste Intelligenz vereinten sich in seiner Person mit Aktivität und Tatkraft. Auch Hermann war ein begnadeter Gelehrter des Quadriviums. Arithmetik, Geometrie, Astronomie und die Musik, besonders die Bereiche, die sich mit Zahlen und Zahlenverhältnissen beschäftigten, interessierten Hermann besonders. So entstand eine Schrift über den Gebrauch des Abakus. Er widmete sich der Zeitrechnung als Grundlage der Geschichtsschreibung und verfaßte – da sie in Inkarnationsjahren

zählte und mit Christi Geburt begann – eine für die damalige Zeit bedeutende Weltchronik sowie ein Handbuch für die Zeitrechnung, den »Computus«. Zahlenverhältnisse faszinierten ihn so, daß er sich gar mit den Regeln eines Zahlenkampfspiels, der Rhythmomachie, intensiv beschäftigte. Zahlenverhältnisse waren auch Grundlage der Musik und der Harmonielehre. Auf diesem Gebiet leistete Hermann ebenfalls Bedeutendes, indem er beispielsweise eine neue Notenschrift erfand. Stets die höheren Ziele im Auge behaltend, trug er mit seinen Kompositionen zur Verschönerung des Kirchengesangs und der liturgischen Feier bei. Auch seine technische Begabung stellte er unter Beweis: Hermann baute nicht nur Musikinstrumente, sondern wußte auch, wie man ein »Astrola-

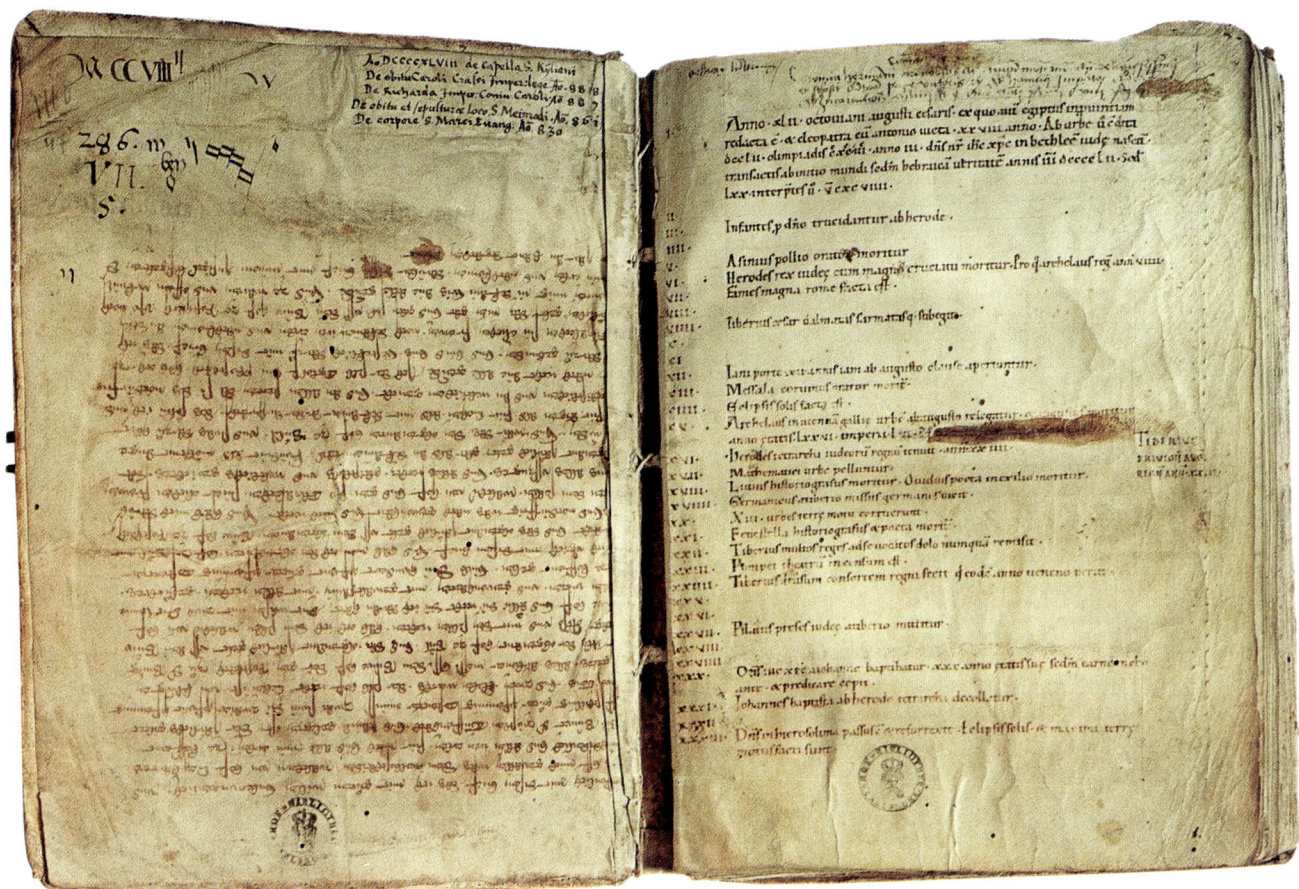

bium« herstellte. Dieses astronomische Gerät, das zur Fixsternvermessung diente, war für die Berechnung von Stunden, Tagen und Nächten erforderlich – eine wichtige Grundlage zur Berechnung des Kirchenjahres. Im Verlauf seiner Beschäftigung mit dem Astrolab fand Hermann auch astronomische Regeln über die Sonnen- und Mondbewegungen und der Mondfinsternisse heraus. Die Vielzahl von Schriften, die Hermann hinterlassen hat, bestätigt die Eigenschaften, die uns sein Biograph Berthold überliefert: Trotz oder vielleicht gerade wegen seiner Behinderung zeigte er ungebändigte Schaffenskraft, gepaart mit Intelligenz und Scharfsinn. Schon Hermanns Zeitgenossen empfanden ihn als »Wunder des Jahrhunderts«.

Die Weltchronik Hermanns des Lahmen ist in dieser Handschrift aus dem 11. Jahrhundert überliefert.

Der Niedergang des Klosters

Abt Berno und Hermann der Lahme sollten die letzten großen Gelehrten des Klosters bleiben. Noch im 11. Jahrhundert begann der Stern der Abtei zu sinken. Das Kloster wurde in den Investiturstreit hineingezogen und kämpfte im Gegensatz zur Abtei St. Gallen und zum Bistum Konstanz auf päpstlicher Seite. Spannungen mit dem Konstanzer Bischof kosteten Energien, die für große Leistungen in Wissenschaft und Kunst verloren waren. Die Abtei verlor ihre alten Privilegien an den Bischof von Konstanz. Die Zeiten, da sie durch ihre engen Beziehungen zu den Mächtigen im Reich als Zentrum der Politik fungierte, waren zu Ende. Auch in monastischer und in wirtschaftlicher Hinsicht sind Verfall und Niedergang zu beobachten. Die geistige Führung ging an die von Hirsau aus gegründeten südwestdeutschen Reformklöster über. Der Konvent bestand nur noch aus wenigen Mönchen und erreichte zu Beginn des 15. Jahrhunderts mit zwei Konventualen seinen Tiefpunkt. Religiös engagierte Menschen zogen Klöster mit intaktem monastischem Leben vor, zusätzlich war der Kreis der möglichen Bewerber für das Kloster Reichenau ohnehin auf Angehörige des Hochadels beschränkt. Schon im 13. Jahrhundert, nach einem verheerenden Klosterbrand, der Klausur und Wirtschaftsgebäude zerstörte, hatten die Konventualen das gemeinschaftliche Leben aufgegeben. Die »Klosterherren« bauten sich repräsentative Häuser und die Äbte residierten in der ottonischen Pfalz oder später in der heute »Schopflen« genannten Burg am Eingang der Insel. Mißwirtschaft, verbunden mit persönlicher Unfähigkeit einer ganzen Reihe von Äbten, ließ die ehemalige »reiche Au« mehr und mehr verarmen. Die klösterliche Grundherrschaft, und damit einhergehend auch die Einkünfte der Abtei, waren auf einen Bruchteil des früheren Ausmaßes geschrumpft. Den ehemals ausgedehnten Grundbesitz hatten sich im Lauf der Generationen die Ministerialen, die ehemaligen Verwalter der Grundherrschaft, angeeignet. »Königliche Reiche-

Burgruine Schopflen. Die Wasserburg wurde zum Schutz der Insel erbaut und im 14. Jahrhundert im Verlauf der Konstanzer Fischer-Fehde, einer Auseinandersetzung der Konstanzer Fischerzunft mit dem Abt der Reichenau, zerstört.

nau, einstmals warst du reich, jetzt aber bist du nicht mehr viel, weil du sehr viele Schäden erlitten hast«, so dichtete im 13. Jahrhundert Abt Konrad von Zimmern in einem Klagelied über den Zustand des Klosters. Einen von mehreren Reformversuchen unternahm Abt Friedrich von Wartenberg im 15. Jahrhundert, der die Zugangsbeschränkung auf Hochadlige aufhob und das geordnete Klosterleben wiederherstell-

Das »Bürgle« wurde um 1400 gegenüber der Kirche St. Peter und Paul an der Nordwestspitze der Insel erbaut und diente als Gästehaus des Klosters. Im 17. Jahrhundert grundlegend umgebaut.

te. Doch auch diese Maßnahmen konnten den Niedergang letztendlich nicht aufhalten. Den langjährigen Streit zwischen den Habsburgern und den Konstanzer Bischöfen um die Eingliederung der Abtei in ihren jeweiligen Herrschaftsbereich entschied das Bistum Konstanz für sich. Im Jahr 1540 willigte Abt Markus von Knöringen in einen Handel mit dem Konstanzer Bischof Johann von Weeze ein, gegen eine jährliche Abfindung auf die Abtei zu verzichten. Der Konstanzer Bischof wurde 1542 von Karl V. mit der Abtei belehnt; nun war das Kloster zum Benediktinerpriorat geworden. Im 16. und 17. Jahrhundert bemühte man sich zwar noch einmal darum, die Unabhängigkeit wiederherzustellen, doch endeten diese Auseinandersetzungen 1757 mit der gewaltsamen Vertreibung der Mönche, die in verschiedene süddeutsche Klöster versetzt wurden. Für einige Jahrzehnte bestand auf der Insel eine abwechselnd von den Klöstern Weingarten, Ochsenhausen und Petershausen versorgte Mission mit einem Superior als Vorgesetztem. Mit der Auflösung des Bistums Konstanz im Jahr 1803 wurde das Kloster säkularisiert. Das Münster gehörte nun dem Großherzogtum Baden, die Reste der ehemals so bedeutenden Bibliothek kamen nach Karlsruhe. Nach jahrhundertelanger Agonie endete damit das klösterliche Leben auf der Reichenau.

Die Kirchen

Der ehemalige Klosterbereich und das Münster St. Maria und Markus

Pirmins einfacher Holzbau, den er mit seinen Helfern am Ufer des Gnadensees errichtet hatte, war schon nach etwa dreißig Jahren zu klein. Der wachsende Raumbedarf des aufblühenden Klosters machte schon um die Mitte des 8. Jahrhunderts eine Erweiterung nach Westen nötig. Archäologische Forschungen konnten diese älteste Klosteranlage präzise lokalisieren: Sie lag auf der Nordseite des heutigen Westquerhauses. Da unterhalb des Grundwasserspiegels die Reste der Pfosten als Naßholz konserviert wurden, konnten die Grabungsfunde sogar mit dendrochronologischen Daten abgesichert werden, die perfekt mit Pirmins Rodungsphase übereinstimmen.

Nur wenige Jahrzehnte später – noch im 8. Jahrhundert – wurde der vierflüglige Holzbau allmählich durch repräsentativere Steinbauten ersetzt. Diese neue Klosteranlage besaß nun eine Steinkirche von mehr als 40 Metern Länge mit einem Rechteckchor, in dem neben dem Marienaltar das Grab des Grafen Gerold angelegt war. Ein Kreuzgang, in dem Versammlungen der Mönche abgehalten wurden, war mit gemauerten Bänken versehen. Nördlich des Altarraums befand sich vermutlich ein zweigeschossiges Mönchshaus, mit einem Tagesraum im Erdgeschoß und dem »Dormitorium«, dem Schlafraum, im Obergeschoß.

Das Münster
St. Maria und
Markus von
Nordosten.

Während diese Klosteranlage nur in unterirdischen Spuren erhalten ist, können wir große Teile des nun folgenden Bauabschnitts – zumindest was die Abteikirche angeht – bei der Besichtigung des Münsters noch heute betrachten. So stammen das heute noch stehende östliche Querhaus und die Vierungsbögen aus der im Jahr 816 geweihten dreischiffigen Kreuzbasilika, die Abt Heito errichten ließ. Ursprünglich befand sich über dem Vierungsquadrat ein Vierungsturm, durch dessen Fenster Licht einfiel. Der Bau Heitos stellte für die damalige Zeit ein Novum dar. Daß Heito diesem zukunftsweisenden, in der Vierung

byzantinische Elemente aufnehmenden Baustil gegenüber aufgeschlossen war, mag an seiner Konstantinopelreise liegen, anläßlich derer er Gelegenheit hatte, die dortige Architektur kennenzulernen. In der damaligen Welt jedenfalls wurde der Neubau mit großem Interesse aufgenommen: Schon zwei Tage vor der Einweihung sei der See voller Schiffe gewesen, berichtet Walahfrid Strabo, der – selbst noch ein Kind – erst kurz vor diesem Ereignis auf die Reichenau gekommen war. Bischöfe und Adlige von nah und fern, die Prominenz der damaligen Zeit, sei in großer Zahl eingetroffen, um an den Feierlichkeiten teilzunehmen.

Während die neue Abteikirche errichtet wurde, erweiterte und »modernisierte« man auch die Konventsgebäude, Maßnahmen, die angesichts der

Blick aus dem Chor gegen Westen in die Vierung Abt Heitos und in das Langhaus mit dem offenen Dachstuhl.

wachsenden Mönchsgemeinschaft notwendig wurden. Immerhin zählte der Inselkonvent inzwischen mehr als 100 Brüder, eine Entwicklung, die bis zur Jahrhundertmitte mit 134 Mönchen ihren Höhepunkt erreichte. Mit der Erweiterung verbesserte sich auch die Wohnqualität, so hat die Archäologie beispielsweise mehrere Wärmeräume mit Unterbodenheizung zutage gefördert.

Die Zeugnisse dafür, wie das Reichenauer Klostergelände in mittelalterlicher Zeit ausgesehen hat, liegen heute unter dem Erdboden und können nur durch archäologische Ausgrabungen rekonstruiert werden. Aus dem St. Galler Klosterplan, der zur Zeit Abt Heitos auf der Reichenau für das Kloster St. Gallen gezeichnet wurde, ersehen wir, welche Wirtschaftsgebäude und Handwerksbetriebe sich auf dem Gelände eines Benediktinerklosters der damaligen Zeit befinden sollten. Dort sind Grundrisse eingezeichnet von Kirche und Klausur der Mönche, von Küche und Keller, von den Gärten und dem Friedhof. Ebenso finden sich die Stallungen und die Arbeitsplätze der Ärzte, Bäcker, Brauer, Müller und verschiedener anderer Handwerker, deren Wirken für das Klosterleben unerläßlich war.

Während Heitos Vierungsbau für lange Zeit unverändert blieb, ließ dessen Nachfolger Erlebald (823–838) den zunächst noch unveränderten Westteil der Abteikirche durch ein Westquerhaus mit Doppelturmfassade ersetzen. In diese Markusbasilika verbrachte man die Reliquien des hl. Markus, die um 830 unter dem Namen des hl. Valens auf die Insel gekommen und um 875 als Markusreliquien erkannt wurden. Für die 925 erwor-

bene Heiligblut-Reliquie wurde eine Rotunde an den Chor der Kreuzbasilika angefügt, die aber im 15. Jahrhundert dem heute bestehenden gotischen Chor weichen mußte. Der baufreudige Abt Witigowo (985–997) ließ das von Erlebald erbaute Westquerhaus wieder abbrechen, die Seitenschiffe verbreitern und das Langhaus bis zu den beiden Türmen verlängern, was den heutigen Abmessungen entspricht. Nachdem ein Brand im Jahr 1006 das Münster schwer beschädigt hatte, erhielt das Westwerk unter Abt Berno (1008–1048) das heutige Erscheinungsbild. Sein Westquerhaus ersetzte die beiden Türme und schloß sich direkt an Witigowos Langhauserweiterung an. Es wurde kurz vor Bernos Tod im Jahr 1048 in Anwesenheit Kaiser Heinrichs III. geweiht.

Ein neuerlicher Brand führte im Jahr 1236 zur Errichtung des heute noch bestehenden offenen Dachstuhls. Die bemerkenswerte, an die Form eines umgedrehten offenen Schiffes erinnernde Konstruktion wurde in der Weise wiederhergestellt, wie sie vor dem Brand – also zur Zeit Abt Bernos – bestanden hatte. Bei der umfassenden Restaurierung des Münsters in den sechziger Jahren des 20. Jahrhunderts mussten lediglich 14 % des alten Eichenholzes erneuert werden. Seit Abschluß dieser Arbeiten ist der Dachstuhl wieder sichtbar.

Die Zeit des Niedergangs der Abtei, als der wirtschaftliche Verfall wie auch der Verfall des klösterlichen Lebens offensichtlich war, wirkte sich auch auf die Bautätigkeit aus. Erst mit dem Abbatiat Friedrichs von Wartenberg (1427–1453), der mit einem aus Niederadligen zusammengesetzten Konvent einen Neuanfang wagte, setzte im 15. Jahrhundert wieder ein geregeltes monastisches Leben ein. Er begann mit dem Bau des gotischen Chors im Osten des Münsters, ebenso wurden die Konventsgebäude erneuert und der Klosterbezirk wurde mit einer Mauer umgeben. Nach der

Der Hochaltar des Münsters im gotischen Chor. Der Flügelaltar wurde im Jahr 1498 von dem Konstanzer Maler Rudolf Stahel geschaffen.

Inkorporation in das Bistum Konstanz bestand das Kloster als Priorat weiter. Fürstbischof Jakob Fugger ließ in den Jahren 1605 bis 1610 neue Konventsgebäude auf der Südseite des Münsters errichten. Nach der Fertigstellung der Anlage wurde das »Alte Kloster« auf der Nordseite abgebrochen. Lediglich der Westflügel ist noch in Teilen erhalten. Die Fuggerschen »neuen« Konventsgebäude dienen heute als Sitz der Gemeindeverwaltung.

Im Klosterhof. Die Fuggerschen Konventsgebäude schließen sich an das Ostquerhaus des Münsters an.

Zeugnisse der Frömmigkeit: der Reichenauer Münsterschatz

In der Schatzkammer, einem spätgotischen Raum auf der Nordseite des Münsterchores, sind die Kostbarkeiten des Reichenauer Münsterschatzes ausgestellt. Wer hier die Zeugnisse der einst so bedeutenden Reichenauer Buchmalerei erwartet, wird jedoch enttäuscht werden. Aus dem ehemals so produktiven, berühmten Reichenauer Skriptorium haben sich lediglich zwei Blätter aus der ersten Hälfte des 9. Jahrhunderts erhalten, und dies nur, weil sie im 15. Jahrhundert »zweckentfremdet« wurden. Für die Neueinbindung eines Evangelistars hatte man sie als Vorsatzblätter benutzt. Alle sonstigen Handschriften aus der Blütezeit des Klosters sind in alle Welt verstreut, die Reste kamen bei der Säkularisation in die Badische Landesbibliothek Karlsruhe.

Dagegen haben sich im Reichenauer Münsterschatz andere wertvolle liturgische Gegenstände und Zeugnisse mittelalterlicher Frömmigkeit und Religiosität erhalten. Das wohl älteste Kleinod stellt eine Elfenbeinpyxis aus dem 5. Jahrhundert dar, von der allerdings nicht bekannt ist, wie sie auf die Insel kam. Sie erhielt im 14. Jahrhundert einen Fuß und einen Deckel, wurde auch überarbeitet, dennoch ist ein Teil der Wunderszenen auf dem Elfenbeinrelief noch im Originalzustand erhalten.

Ebenfalls aus der Spätantike stammt der sogenannte »Krug der Hochzeit zu Kana«. Dabei handelt es sich um eine Marmorhydria, ein Gefäß zum Mischen von Wasser und Wein. Zu diesem Krug hat ein Mönch des Inselklosters im 10. Jahrhundert eine spannende Erzählung verfaßt. Sie handelt vom abenteuerreichen Leben des Griechen Symeon, dem ursprünglichen Eigentümer des Krugs und berichtet, wie das kostbare Gefäß aus dem Heiligen Land auf die Insel gelangte. Der in gotischer Zeit mit einer Kupferblechfassung gesicherte Krug stand über Jahrhunderte in einer im Jahr 1301 eigens dafür ausgemalten Nische in der Nordwand des Chors, bis er aus Sicherheitsgründen in die Schatzkammer verbracht wurde.

Wie alt der »Smaragd Karls des Großen« ist und woher er stammt, ist dagegen nicht überliefert. Es handelt sich um einen 13 Kilogramm schweren ge-

Elfenbeinpyxis aus dem 5. Jahrhundert.

schliffenen Glasfluß, der offenbar im 10. Jahrhundert in das Antependium des Marienaltars eingebaut war. In den »Taten des Abtes Witigowo«, dem Lobgedicht des Mönchs Purchard, wird er bereits als faszinierende Kostbarkeit erwähnt. In der Mitte des Antependiums »das vom Gewicht ganzer Pfunde Goldes glänzt«, sei ein »heller Spiegel, der zugleich klar und von grünlicher Farbe ist und in dem jedermann sein Angesicht unverzerrt sehen kann. Wenn jemand geneigten Hauptes in die Kirche tritt oder sie durchschreitet«, so schildert Purchard voll Begeisterung das Spiegel-Erlebnis, »so schimmert sichtbar vor ihm, wie es die Gesetzmäßigkeit der Natur verlangt, sieh da, alles, was hinter ihm liegt«.

Das sogenannte »Oberzeller Kreuz«, eine Holzschnitzarbeit aus der Zeit um 1120/1140, hat seinen Namen nach seinem Aufbewahrungsort am Ende des 19. Jahrhunderts erhalten, stammt aber möglicherweise ursprünglich aus St. Peter und Paul in Niederzell. Ebenfalls aus dem 12. Jahrhundert stammt ein kleines burgundisches Reliquienkästchen sowie ein Vortragekreuz aus St. Georg.

Die große Zahl von Reliquienschreinen in der Reichenauer Schatzkammer ist Ausdruck der großen Bedeutung, die die Reliquienverehrung im geistlichen Leben der Insel hatte. Im frühmittelalterlicher Zeit wurden zu Ehren der Reliquien Kapellen und Kirchen gebaut, um sie angemessen aufzubewahren. Im Spätmittelalter schuf man kunstvolle »Häuser« aus Gold und Silber als Reliquienschreine oder Reliquiare in Form der aufbewahrten Gebeine. Aus dem Jahr 1303–1305 stammt der Markusschrein, der als Kopie im Markusaltar in der Westapsis zu sehen ist. Nur wenige Jahre nach Markus kam auch der hl. Januarius, ein Geschenk Kaiser Lothars I., auf die Insel. Sein Schrein stammt aus der Gotik. Wegen seines altehrwürdigen Aussehens hat er dem Heiligen im Volksmund den liebevoll-ironischen Namen »Heiliger Grünspan« eingebracht. Die Schreine der heiligen Johannes und Paulus, der hl. Fortunata und ein Kopfreliquiar des hl. Bartholomäus sind um 1300 entstanden, der Schrein der Heiligen Genesius, Felix und Regula im 15. Jahrhundert. Wer an einem Inselfeiertag oder an Fronleichnam die Reichenau besucht, kann sehen, daß diese Heiltümer auch heute dem alten Brauch gemäß in feierlicher Prozession durch die Straßen getragen werden.

Blick in die Schatz-kammer, ein gotischer Raum auf der Nord-seite des Münsters.

St. Peter und Paul in Niederzell

»Zur Zeit des großen Kaisers Karl lebte ein angesehener Bischof namens Egino, aus alemannischem Geschlecht, der damals die Kirche von Verona leitete. Als dieser sich anschickte, seine Heimat wieder aufzusuchen, gefiel es ihm, den Abt unseres Klosters mit Bitten zu bestürmen, er möge ihm auf dieser Insel zu wohnen erlauben. Als der ihm aufgrund seines hohen Ansehens den Wunsch keineswegs abschlagen konnte, begann dieser nach Empfang der gewünschten Antwort am äußersten Ende der Insel eine kleine Klosterzelle anzulegen, die er zur Ehre des heiligen Apostelfürsten Petrus erbaute und mit seinem Namen benannte. Er versah sie mit zahllosem Schmuck, mit Gold und Silber und mit kostbaren Steinen, mit verschiedenen Gewändern und Büchern für die Liturgie und überhaupt mit aller Ausstattung für den gottesdienstlichen Gebrauch.« Mit der Weihe der Petruskirche am 2. Juni 799 nahm die Geschichte Niederzells ihren Anfang. Egino richtete dort seinen Wohnsitz ein und stattete seine Neugründung mit umfangreichen Landgütern aus seinem väterlichen Erbe aus. Die oben zitierten Zeilen über die Gründung finden sich in der Markusgeschichte, die um 930 aufgeschrieben wurde. Zur Zeit der Niederschrift – 130 Jahre nach dem

Blick vom Gnadensee auf St. Peter und Paul. Rechts davon das »Bürgle«, auch Schloß Windeck genannt.

Ereignis – mochte dem Verfasser die »cellula«, Klosterzelle, vielleicht klein erscheinen, hatte er doch all die Bauten vor Augen, die in dieser langen Zeit auf der Reichenau entstanden oder umgebaut worden waren. Sieht man die Egino-Gründung allerdings im Vergleich zu den Bauten, die im Jahr 799 schon bestanden, so kommt man zu einer ganz anderen Einschätzung. Die archäologischen Forschungen in Niederzell ergaben, daß es sich hier um einen regelrechten Prachtbau handelte: Die neu erbaute Saalkirche hatte eine größere Grundfläche als die zum Kloster gehörende Abteikirche, die zu jener Zeit immerhin Platz für etwa 100 Mönche bot. Sie entsprach also durchaus Amt und Rang des bischöflichen Stifters, der auch an seinem neuen Wohnsitz seinen gewohnten Standard beibehalten wollte. Auch im Innern wies diese Kirche ohne Zweifel eine dem Bischof standesgemäße Ausstattung auf. Die Grabungen, die in den Jahren 1970 bis 1976 durchgeführt wurden, förderten Reste von Wandmalereien wie auch von aufwendigem plastischem Schmuck zutage, die eindeutig an oberitalienische Kirchenausstattungen erinnern. Ein besonders schönes Beispiel ist die mit Flechtwerk verzierte Chorschrankenplatte, die heute im nördlichen Seitenschiff von St. Peter und Paul ausgestellt ist. Die Verwendung von Flechtbändern wie auch die handwerkliche Präzision der Arbeit läßt darauf schließen, daß Egino eigens lombardische Steinmetze aus Italien mitgebracht hatte. Auch die Anfügung eines eigenen Baptisteriums ist auffällig und weist nach Italien. Dort hatte jede frühmittelalterliche Bischofskirche eine solche Taufkapelle aufzuweisen.

Chorschrankenplatte aus dem Gründungsbau Bischof Eginos von Verona.

Egino konnte sich an seiner großartigen Kirche allerdings nur wenige Jahre erfreuen. Er starb am 27. Februar 802 und wurde an dem von ihm dafür vorgesehenen Platz neben dem Hauptaltar seiner Kirche begraben. Die Einkünfte aus den Gütern, mit denen er die Stiftung ausgestattet hatte, fielen an die Abtei und wurden nach Eginos Tod als Teil des Klostervermögens verwaltet. Nach dem Verwalter dieses Sondervermögens, Theganmar, der in der ersten Hälfte des 9. Jahrhunderts eingesetzt war, wurde die Neugründung zeitweise »Thegamarszell« genannt. Gegen Ende des Jahrhunderts erhielt Liutward, der Erzkanzler Karls III. und späterer Bischof von

HÆC SVNT IN FOSSA PRÆCLARI PRÆSVLIS OSSA,
QVEM VERONA DEDIT NOMEN EGINO FVIT
HANC POSVIT CELLAM PETRO PAVLOQVE DICATAM,
FEBRIS PVLSA PROBAT FACTAQVE MIRA PIVM.
OBIIT
DCCCII.

Diese Platte weist in hochmittelalterlichen Versen auf das Egino-Grab hin. Sie wurde vermutlich nach dessen Öffnung im 17. Jahrhundert angebracht.

Vercelli, die Stiftung zum Nießbrauch auf Lebenszeit.

Eginos Gründungsbau wurde infolge zweier Brände umgebaut und erweitert, außerdem wurden im 10. Jahrhundert Wohn- und Wirtschaftsbauten angefügt. Spätestens dann war Niederzell ständiger Sitz einer religiösen Gemeinschaft. Um die wachsende Anzahl der dort lebenden Religiosen zu beherbergen, wurden diese Bauten um die Jahrtausendwende wiederum erweitert.

Aus dieser Zeit ist eine in ihrer Art hierzulande singuläre Altarplatte erhalten, die mit nahezu 350 Namen beschriftet ist. Die Namen wurden mit spitzen Werkzeugen eingeritzt oder mit Tinte auf die Platte geschrieben. Inschriften auf Altarplatten oder auch an Kirchenwänden begegnen uns im Mittelmeerraum zwar häufiger, im deutschsprachigen Raum dagegen ist außer diesem Niederzeller Altarstein kein ähnlicher Fund bekannt. Die Namen wurden vermutlich unter dem für den mittelalterlichen Menschen wichtigen Gesichtspunkt aufgebracht, bei der Liturgie möglichst nahe am Ort der Eucharistie vertreten zu sein. Diese Altarplatte wurde beim Bau des Hauptaltars im 12. Jahrhundert wiederverwendet. Der Tatsache, daß sie nun mit der Oberseite nach unten eingebaut wurde, verdanken wir die Erhaltung der Namenszüge über Jahrhunderte hinweg. Der damalige Münsterpfarrer Theodor Fehrenbach entdeckte die Altarplatte anläßlich der Restaurierungsarbeiten im Jahr 1976.

Im Verlauf des späteren 11. Jahrhunderts verfiel das gemeinschaftliche Leben im Niederzeller Chorherrenstift. Dies führte unter Abt Ekkehard II. von Nellenburg (1078–1088) zu einer Neuplanung und 1080 zum Abbruch der alten Peterskirche und der daran angegliederten Wohn- und Wirtschaftsbauten. An derselben Stelle, teils auf den noch bestehenden Grundmauern, begann man, einen neuen Kirchenbau zu errichten, die dreischiffige Basilika mit einer nach Osten gerichteten Doppelturmfassade, die wir heute in Niederzell vor uns sehen. Die Fertigstellung der Kirche allerdings zog sich über Jahrzehnte bis in die erste Hälfte des 12. Jahrhunderts hin. Tieferer Grund für die aufwendige Neuplanung der Peterskirche, die vermutlich in diesem Zusammenhang auch das Pauluspatrozinium dazugewann, war der Ausbau und die Entwicklung des Reichenauer Marktes in

Allensbach. Zur Gründung eines solchen Marktes war das Inselkloster zwar schon seit der Jahrtausendwende durch ein Privileg Ottos III. berechtigt, doch wurde dieses Privileg nie verwertet. Dies hatte Ekkehard von Nellenburg vor zu ändern, er ließ das Privileg im Jahr 1075 von Heinrich IV. erneuern und umsetzen. Daß die Marktsiedlung in Allensbach daraufhin einen Aufschwung nahm, bestätigen archäologische Forschungen, die für die folgenden Jahrzehnte eine gesteigerte Bautätigkeit nachweisen konnten. Der Marktherr hatte in einem sich entwickelnden Marktort freilich auch für die Pfarrkirche zu sorgen. In diesem Zusammenhang ist wohl der Neubau der Peterskirche in Niederzell zu sehen, die die Mutterkirche der neuen Allensbacher Kirche werden sollte.

Schon zu Beginn war der Innenraum der neuen Peterskirche mit reichen Malereien ausgestattet. Die in der Apsis noch erhaltene Malerei stammt aus der ersten Hälfte des 12. Jahrhunderts und ist, eingefaßt durch ein Mäanderband, in drei Zonen gegliedert. In der obersten Zone ist die Maiestas Domini dargestellt, begleitet von den vier Evangelistensymbolen. Rechts und links huldigen St. Petrus und St. Paulus. In der mittleren Zone finden sich die zwölf Apostel, von denen allerdings durch ein im 15. Jahrhundert eingefügtes Fenster nur noch zehn zu sehen sind, darunter sind Propheten abgebildet. Weitere Malereien aus dem 12. und 13. Jahrhundert sind infolge einer umfassenden »Restaurierung« um 1900 nur noch schwach erhalten.

Um 1750 erfuhr die Kirche eine umfassende Neugestaltung im Rokoko-Stil. Die in diesem Zusammenhang gestalteten Deckenstukkaturen stammen von dem von der Birnauer Schule beeinflußten Dominikus Wurz, einem gebürtigen Reichenauer. Es wurde eine Orgelempore eingezogen, die 1783 mit einer Orgel des Überlinger Orgelbauers Johann Baptist Lang ausgestattet wurde. Diese ist – geringfügig erweitert und überholt – heute noch in Gebrauch.

Blick nach Osten in die Apsis der Kirche St. Peter und Paul.

St. Georg in Oberzell

Die Ersterwähnung von St. Georg findet sich in einem sogenannten Martyrologium, einem Heiligenkalender, aus St. Gallen. Der Mönch Notker berichtet darin von Bischof Hatto, der das Haupt des hl. Georg und viele andere bedeutende Reliquien nach Alemannien in sein »novum monasterium«, das neue Kloster, überführt habe. Die Reliquien habe er von Papst Formosus erhalten. Tatsächlich hatte der Reichenauer Abt und Mainzer Erzbischof Hatto im Jahr 896 König Arnulf zur Kaiserkrönung nach Rom begleitet. Wieweit allerdings der Bau dieser Kirche bis dahin gediehen war, ob sie bereits fertiggestellt war oder sich noch im Bau befand, oder womöglich, anläßlich des Reliquiengeschenks erst noch gebaut oder umgebaut wurde, läßt sich bisher nicht mit letzter Sicherheit sagen. Sicher ist dagegen, daß die Weihe der »cella Hathonis«, der Hattozelle, wie die neue Kirche auch genannt wurde, an einem 18. November stattfand. Der Platz für die neuerworbenen Reliquien war die vierstützige Krypta der Kirche, die sich unter dem Querhaus und der Ostchoranlage befindet und über eine Treppe erreichbar ist. Da die Krypta nach neuesten Untersuchungen nicht, wie ursprünglich vermutet, nachträglich in einen fertigen Bau eingefügt wurde,

tendiert man heute zu der Auffassung, daß Fertigstellung, Reliquienübertragung, Weihe und schriftliche Nachrichten ungefähr gleichzeitig erfolgten, entweder noch 896, im Jahr der Kaiserkrönung oder in den unmittelbar darauffolgenden Jahren. Die Westapsis allerdings wurde erst im 11. Jahrhundert als Eingangskonche angebaut. Was Stilreinheit und Harmonie angeht, ist St. Georg die ausgeglichenste der noch erhaltenen Reichenauer Kirchen. Mit dem heutigen schlichten Bau stehen noch große Teile der Säulenbasilika, wie sie im 9. Jahrhundert erbaut wurde.

St. Georg: Blick vom Altarraum gegen Westen.

Weltberühmt allerdings ist die Kirche nicht durch ihre Architektur geworden, sondern durch den einzigartigen noch in großem Umfang erhaltenen Zyklus von Wandmalereien. Sie gehören zu den frühesten Zeugnissen ihrer Art nördlich der Alpen und vermitteln uns einen Eindruck davon, wie großartig geschmückt wir uns Kirchenschiffe in ottonischer Zeit vorstellen müssen. Bis heute ziehen sie die Betrachter in ihren Bann. Acht großflächige, mehr als 4 Meter breite und über 2 Meter hohe Wandbilder im Mittelschiff illustrieren die Wundertätigkeit Jesu. Nach oben, zu den Fenstern des Obergadens, sowie nach unten, zu den Arkaden des Langhauses, schließen sich breite perspektivische Mäanderbänder an, seitlich werden die Bilder durch Ornamentfriese voneinander getrennt. Oberhalb, zwischen den Fenstern, befinden sich stehende Apostelfiguren. Unterhalb, in den Arkadenzwickeln sind in Rundbildern Porträts von Äbten, die »Stützen« der Kirche im eigentlichen und im übertragenen Sinn, dargestellt. Die acht Bildszenen stellen Wundertaten, Heilungen und Totenerweckungen dar und sollten den Betrachtern die Macht Jesu über Naturgewalten, Krankheiten, Leben und Tod vor Augen führen.

Der Zyklus beginnt im Westen der Nordwand, also nach dem Betreten der Kirche auf der linken Seite des Langhauses mit folgenden Szenen:

1. Die Heilung des Besessenen bei Gerasa,
2. Die Heilung des Wassersüchtigen,
3. Die Beruhigung des Sturmes,
4. Die Heilung des Blindgeborenen.

Direkt gegenüber auf der Südseite von Ost nach West, also in Richtung Ausgang, setzt sich der Zyklus mit diesen Szenen fort:

5. Die Heilung des Aussätzigen,
6. Die Auferweckung des Jünglings von Nain,
7. Die Auferweckung der Tochter des Jairus und die Heilung der an Blutfluß leidenden Frau,
8. Die Auferweckung des Lazarus.

In der Westapsis, über dem Eingang, findet sich eine Darstellung des Jüngsten Gerichts von Johann Rudolph Mohr aus dem Jahr 1708.

Es gibt aber auch Profaneres an den Wänden von St. Georg. Oberhalb des Eingangs zur Krypta auf der Nordseite – ehemals die Frauenseite – sehen wir vier Teufel, die eine riesige Kuhhaut auseinanderbreiten. Ein fünfter Teufel sitzt darauf und versucht das, was die zwei etwas oberhalb dargestellten Frauen zu schwatzen haben, auf ihr niederzuschreiben. Das allerdings »geht auf keine Kuhhaut«. Die Malerei stammt aus dem 14. Jahrhundert.

Die sprichwörtliche Kuhhaut aus dem 14. Jahrhundert. Der Text ist ein Wink mit dem moralischen Zeigefinger: »Ich will hie scriben von disen tumben wiben: was hie wirt plapla gesprochen das wirt alles wohl geraht, so es wirt alles fur den rihter braht.«

Nicht für die Öffentlichkeit zugänglich ist die Krypta, deren Ostwand frühmittelalterlich mit zwei Kruzifixen und jeweils einer anbetenden Heiligenfigur bemalt ist, sowie die Michaelskapelle über der heutigen Vorhalle. Dort, also auf der Außenwand der Westapsis, ist eine Parusie Christi, die Wiederkunft Christi zum Weltgericht dargestellt.

Die Malereien in St. Georg sind in den Jahren 1981 bis 1990 eingehend untersucht worden. Schon zu Beginn war bekannt, daß sie im Lauf ihrer langen Geschichte mehrfach Veränderungen und Überarbeitungen erfahren hatten. Die bis 1983 laufende Voruntersuchung, die nur mit völlig zerstörungsfreien, also hauptsächlich optischen Methoden arbeitete, beinhaltete zunächst eine umfangreiche Bestandsaufnahme. Alle Phasen der im

Die Bilder der Nordwand:

*Die Heilung des
Besessenen von Gerasa.*

*Die Heilung eines
Wassersüchtigen.*

Die Beruhigung des Sturmes auf dem See Genesaret.

Die Heilung des Blindgeborenen.

Die Bilder der Südwand:

*Die Heilung des
Aussätzigen.*

*Die Auferweckung des
Jünglings von Nain.*

Die Auferweckung der Tochter des Jairus und die Heilung der an Blutfluß leidenden Frau.

Die Auferweckung des Lazarus.

Die Krypta von St. Georg, der ursprüngliche Aufbewahrungsort der Georgsreliquien.

Lauf der Geschichte schon erfolgten »Bearbeitungen« der Malereien seit ihrer Entstehung wurden erfaßt und dokumentiert. Mit Hilfe dabei erarbeiteter Pläne kann daher von jedem Quadratzentimeter der Malereien Auskunft über den Originalbestand, eventuelle Mörtelergänzungen, eventuelle Übermalungen, und über den derzeitigen Erhaltungszustand gegeben werden. Daraufhin wurde von den Denkmalpflegern in Zusammenarbeit mit einer internationalen Kommission eine Konzeption zur Restaurierung erarbeitet. Wichtigste Voraussetzung aller zu unternehmenden Schritte, war das Erhalten der historisch gewachsenen Einheit und damit das Respektieren aller historischen Phasen und ihrer jeweiligen Maßnahmen.

Aufgrund dieser Untersuchungen konnten die Entstehungs- und späteren Bearbeitungsphasen der Malereien in ihrem Umfang und ihrer zeitlichen Abfolge identifiziert sowie Aussagen über die Maltechnik gemacht werden. Ein absolutes Datum zur Entstehung der Mittelschiffzyklen gibt es nicht, wohl aber kann aus den technischen Befunden geschlossen werden, daß eine Bemalung erst mit einem zeitlichen Abstand nach dem Bau erfolgte. Diese erfolgte in Form einer Mischtechnik, das heißt, eine mit Bindemitteln versetzte Farbe wurde auf den bereits abgetrockneten Putz aufgebracht, und nicht wie bei der klassischen Freskenmalerei in den noch feuchten Putz, der daraufhin eine Verbindung mit der Farbe einging.

Da keine schriftlichen Quellen über die Bemalung der Kirche überliefert sind, erfolgt die Datierung anhand stilistischer Vergleiche mit den Bildkünsten der Buchillustration. Lange ging man davon aus, daß die Wunderszenen um 1000 entstanden sind, unter dem Abbatiat des kunstbegeisterten Witigowo und demzufolge von Malern der Liuthargruppe gemalt wurden. Als in den 1970er Jahren von japanischen Forschern die provokante These vertreten wurde, die Wandmalereien seien zeitgleich mit dem Bau der »Hattozelle« entstanden, und daher nicht »ottonisch« sondern »hattonisch«, erhielt die wissenschaftliche Diskussion einen »Energieschub«. Die These konnte infolge der umfangreichen Untersuchungen in St. Georg wi-

derlegt werden. Mit Si-
cherheit nämlich stehen
die Wandmalereien im
engen Zusammenhang
mit der im Reichenauer
Skriptorium entstande-
nen Buchmalerei, die
sich in der zweiten
Hälfte des 10. Jahrhun-
derts zu einem immer
höheren Niveau entfal-
tete, und in den Jahren
um 1000 ihren Höhe-
punkt erreichte. Zahl-
reiche Details bei der
Ausführung der Male-
rei, der Umgang mit ein-

Heiligenfigur an der Ostwand der Krypta.

zelnen Motiven sind den Buchillustrationen und den Wandmalereien gemeinsam. Dabei ist festzustellen, daß die Wandmaler nicht die Buchmalerei
direkt kopierten, sondern ein »offensichtlich bekanntes System« im Reper-
toire hatten und in der Lage waren, damit frei und kreativ umzugehen. Die
offensichtlichen Parallelen zwischen der Buchmalerei in der zweiten Hälfte
des 10. Jahrhunderts und den Wandmalereien in Oberzell lassen eine Entstehung vor 925/945 ausgeschlossen erscheinen. Eine engere Datierung hält
man heute nicht für sinnvoll, zumindest solange es keine weiteren Anhalts-
punkte gibt.

Im 14. Jahrhundert wurden die bis dahin noch intakten Malereien kom-
plett übermalt. Zwar hatte man damals gewisse »Korrekturen« vorgenommen, das Grundsätzliche jedoch beibehalten. Im Verlauf des 17. und
besonders des 18. Jahrhunderts allerdings wurde in mehreren Renovie-
rungskampagnen der gesamte Innenbereich verwandelt. Der Innenraum
wurde übertüncht, sogar die Position der Fenster wurde verändert. Als im
Jahr 1879 der damalige Pfarrverweser Feederle unter der Tünche die Wandmalereien entdeckte, begann eine abwechslungsreiche Restaurierungsgeschichte. In deren Verlauf wurden die Wandmalereien von einem Maurer-
meister in Zusammenarbeit mit dem Pfarrer und unter der sporadischen
Begutachtung eines Architekten vom Erzbischöflichen Bauamt Freiburg

zwar freigelegt, zum Teil aber auch zerstört. Wenige Jahre später erhielt der Kunstmaler Carl Ph. Schilling den Auftrag, Kopien der Malereien in Form von Bildtapeten herzustellen, die man nach ihrer Fertigstellung vor den Originalen anbrachte. Die Bildtapeten ließen sich bei Bedarf hochziehen und ermöglichten so den Blick auf die Wände. Der durch die Tapeten entstandene Kontrast zu den Wänden wurde dadurch ausgeglichen, daß Schilling die Ornamentrahmen und Mäander übermalte und die Obergadenzone mit den Aposteln sowie den Vierungsbogen neu gestaltete. Die Decke, die Arkadenbögen, die Kapitelle, Fensterlaibungen und Seitenschiffe wurden völlig neu bemalt. Als der Mechanismus der hochziehbaren Bildtapeten nicht mehr funktionierte und sich auch die denkmalpflegerische Einstellung gewandelt hatte, entfernte man die Tapeten im Jahr 1921, um nun erneut einen völlig uneinheitlichen Gesamteindruck zu erhalten: Die Bilderzyklen zeigten Mörtel- und Tünchereste sowie Freilegeschäden, das erst vor kurzer Zeit von Schilling bemalte Umfeld dagegen war noch mehr oder weniger makellos. Dieser Diskrepanz begegnete man in der Weise, daß man Schillings Übermalungen durch Abreiben in einen »gealterten Zustand« versetzte, die Bildbereiche dagegen durch Nachkonturieren und farbliches Ergänzen »auffrischte«.

Heute hat man im denkmalpflegerischen Bereich glücklicherweise andere Prämissen. Alle Interessen und Untersuchungsmethoden sind der Erhaltung der Substanz unterzuordnen, und zwar der Substanz mit allen Spuren, die die Geschichte in mehr als 1000 Jahren hinterlassen hat.

Mehr als die Summe
ihrer Einwohner:
Die Gemeinde Reichenau

*Vorige Seiten:
Teil des Gemarkungs-
plans von 1707.
Die Ansicht zeigt
die Pfarrkirche
St. Johann sowie den
ehemaligen Pfalz-
bereich von Süden.
Beides wurde im
19. Jahrhundert
abgerissen.*

*Das Haus des
Ammanns. Der
steinerne Unterbau
stammt aus der Zeit
um 1200, der Fach-
werkaufbau aus dem
15. Jahrhundert.*

Schon aus der Zeit um 1200 gibt es Dokumente, in denen Reichenauer »cives«, Bürger, erwähnt sind, die von einem »minister civitatis« oder »scultetus de Augia«, einem Schultheißen, später Ammann, vertreten werden. Dieser wurde vom jeweiligen Abt eingesetzt und hatte gewisse Gerichtsbefugnisse, etwa über minderschwere Frevel, Beleidigungen und Streitigkeiten unter den Untertanen des Klosters. Mit dem Niedergang der Abtei erlangten die Bürger immer mehr Unabhängigkeit. Das Spätmittelalter ist vor allem durch Konflikte der Reichenauer Gemeinde mit den Klosterherren geprägt. Zeitweise schlossen sich die Reichenauer mit anderen Dörfern des Klosters gegen den Abt zusammen und begaben sich als Ausbürger in den Schutz der Stadt Konstanz. Das Zentrum der »Gotteshausleute«, wie die Reichenauer damals genannt wurden, war die »Ergat«. Auf diesem Platz – südöstlich vom Klostergelände – steht eine Linde, die wohl schon damals als Gerichtslinde diente. Ihr Alter jedenfalls wird auf etwa 800 Jahre geschätzt. Dort befand sich der Sitz des Ammanns, ein um 1200 erbautes Haus, dessen Unterbau mit einem dreibögigen Fenster noch erhalten ist. Um die Mitte des 15. Jahrhunderts erhielt das Haus zwei Fachwerkgeschosse, die heute noch bestehen. Das Fachwerk gilt als eines der ältesten in Süddeutschland. Das Gebäude wird heute als Museum genutzt.

Gegenüber, auf der Nordseite des Platzes lag die Pfarrkirche St. Johann, die schon in ottonischer Zeit errichtet wurde, und im 15. Jahrhundert einen neuen Turm erhielt. Die Kirche wurde 1812 abgebrochen. Lediglich das Backhaus und Reste des ehemaligen Pfarrhofs sind heute noch erhalten. Heute dient die Ergat der Gemeinde als Versammlungsort, beispielsweise beim Festkonzert der Bürgermusik am Heiligblut-Fest, vor allem aber an Fasnacht.

Die heutige Gemeinde Reichenau besteht aus fünf Ortsteilen und hat etwa 5000 Einwohner. Auf der Insel selbst liegen die bereits erwähnten Ansiedlungen um die drei Kirchen, Oberzell, Mittelzell und Niederzell, mit rund 3300 Einwohnern. Zwei Ortsteile, Waldsiedlung und Lindenbühl, liegen auf dem Festland, nordöstlich des Damms. Etwa ein Drittel der Gemarkung sind ebenfalls auf dem Festland gelegene Waldgebiete. Die Waldsiedlung ist in den Jahren nach 1950 entstanden, als die Gemeinde Heimatvertriebenen Bauland zur Verfügung stellte. Der Ortsteil Lindenbühl in der Nähe der Bahnstation Reichenau entstand im Umkreis des Psychiatrischen Landeskrankenhauses, das für die Pflege und Versorgung seiner 550 Patienten mehr als 750 Mitarbeiter beschäftigt. Nordöstlich des Damms befindet sich außerdem ein Gewerbegebiet.

Klosterhofkonzert der Reichenauer Bürgermusik.

Die Gemeinde Reichenau ist aber mehr als die Summe ihrer Einwohner. Um die 30 Vereine und Vereinigungen sorgen für ein reges Gemeindeleben. Zahlreiche Sportvereine und Wassersportclubs, Brauchtums- und Kulturgruppen bieten den Einwohnern umfassende Freizeitmöglichkeiten. Besonders die Musik wird bei den Reichenauern großgeschrieben, gibt es doch neben der mitgliederstarken Bürgermusik auch ein großes Unterhaltungsorchester mit Streichern und Bläsern, einen Münsterchor, ein Münsterorchester, einen Männergesangverein, Fanfarenzüge, und noch eine ganze Reihe anderer musikalischer Gruppierungen. Daß es in einer Gemeinde von dieser Größe so viele Gelegenheiten gibt, sich zu engagieren, ist bemerkenswert. Dies bereichert nicht nur den Veranstaltungskalender, sondern ermöglicht auch den sogenannten »Angeschwemmten« den Kontakt mit den Eingesessenen und damit die Integration ins Gemeindeleben.

»Präsentiert das Gewehr«: die Inselfeiertage

Die Rückkehr der Heiligblut-Reliquie im Jahr 1738. Ölgemälde (310 x 372 cm) im nördlichen Seitenschiff des Münsters.

Auf diesem Bild aus dem Reichenauer Münster ist eine festliche Prozession zu sehen. Anlaß für die Feierlichkeiten war die Rückführung der Heiligblut-Reliquie auf die Insel im Jahr 1738. Ein Reichenauer Konventuale hatte sie im Dreißigjährigen Krieg angesichts der drohenden Kriegsgefahr in das Kloster Günterstal bei Freiburg in Sicherheit gebracht. Ein Jahrhundert später wurde sie am ursprünglichen Ort unter der regen Teilnahme der Bevölkerung und vieler Pilger wieder in Empfang genommen. Ab diesem Zeitpunkt wurde auf der Insel jedes Jahr das Heiligblut-Fest gefeiert.

Wissend um das Besondere ihrer Tradition feiern die Reichenauer mit Stolz und Selbstbewußtsein noch heute ihre drei Inselfeiertage: das Markusfest am 25. April, Mariae Himmelfahrt am 15. August und den höchsten Feiertag, das Heiligblut-Fest am Montag nach dem Dreifaltigkeitssonntag. Die Arbeit auf den Feldern ruht, Behörden, Schule und Geschäfte sind geschlossen.

Der Festtag beginnt um 8.45 Uhr mit einer Parade der historischen Bürgerwehr, der Bürgermusik und des Spielmannszugs vor dem Rathaus. Dort nimmt die Bürgerwehr vom Bürgermeister die Fahne in Empfang und begrüßt den Ehrengast des jeweiligen Tages, häufig einen Abt oder einen Bischof, um ihn zum Festgottesdienst in das Münster zu geleiten. Im Anschluß an den Festgottesdienst werden dieselben Reliquien, die schon vor einem Jahrtausend auf der Insel verehrt wurden, in einer feierlichen Prozession durch die herrlich geschmückten Straßen getragen. Den Abschluß der vormittäglichen Feierlichkeiten bildet die Fahnenübergabe der Bürgerwehr vor dem Rathaus.

Das Bewußtsein, daß ihre Insel einst eine wichtige Rolle in der Geschichte gespielt hat, ist in der Bevölkerung durchaus vorhanden und bildet eine der Voraussetzungen, daß solche Traditionen über Jahrhunderte hinweg lebendig bleiben. Die frühesten Nachrichten über die Vorformen der Bürgerwehr stammen aus dem 11. und 12. Jahrhundert. Es sind Regelungen über den Schutz der Abtei, die sich von den »Gotteshausleuten« gegen eventuelle Angriffe von außen verteidigen lassen darf, und nur diesen das Waffentragen erlaubt. Mit zunehmender Selbständigkeit der Gemeinde kam es zeitweise zu Konflikten mit dem Abt, der seine Rechte bei der Einsetzung der Hauptleute einforderte. Der letzte militärische Einsatz der Bürgerwehr datiert

Prozessionen mit Bürgerwehr, Bürgermusik und Trachtengruppe, in der die Reliquien durch die Straßen getragen werden, finden an den drei Inselfeiertagen sowie an Fronleichnam statt.

in das Jahr 1849, als die Reichenauer Wehr im Gegensatz zu vielen anderen Bürgerwehren der Zeit dem Großherzog treu blieb und die anrückende Badische Revolutionsarmee schon am Damm in die Flucht schlug. Von Seiten des Großherzogs Leopold brachte ihr dies hohes Lob ein. Im Gegensatz zu den »revolutionären« Bürgerwehren, die nach ihren Einsätzen im Dienst der Revolution entwaffnet wurden, wurde die Reichenauer Wehr mit dem Recht belohnt, weiter Waffen tragen zu dürfen. Später schenkte Großherzog Friedrich der Reichenauer Bürgerwehr als Dank für ihren konterrevolutionären Einsatz die Fahne mit dem badischen Wappen, die noch heute bei den öffentlichen Auftritten zu sehen ist. Heute besteht die Bürgerwehr aus etwa 130 friedlichen Reichenauern. Ihre Uniformen erinnern an die Zeit, als die Reichenau wie weite Teile Süddeutschlands zu Vorderösterreich gehörte.

Müller, Weißherbst, Gutedel & Co.: Weinbau auf der Reichenau

Vor Zeiten, so erzählt man sich, war einmal der Großherzog auf der Reichenau zu Besuch. Im Bewußtsein, welche Ehre der Gemeinde durch einen so hochrangigen Besuch zuteil würde, wurde Seiner Maiestät dem Großherzog und seiner Gemahlin ein »Ehrentrunk« gereicht. Von der Güte des Reichenauer Weins angetan, lobte der edle Gast ausdrücklich den guten Tropfen, den man ihm kredenzt habe. Der damalige Bürgermeister fühlte sich geschmeichelt über das Lob seines Weins und versicherte stolz: »... und des isch no lang it de bescht!«

Zu Zeiten des Großherzogs war der Weinbau auf der Insel noch Haupterwerbszweig. Die Klosterreben gingen im Zuge der Säkularisierung im Jahr 1803 an das Großherzogtum Baden über und wurden an die Weinbauern verpachtet. In den Jahrzehnten danach wurden sie parzellenweise an die Rebbauern verkauft. In der Tat genoß der Reichenauer Wein einen sehr guten Ruf, insofern enthält die zitierte Anekdote über den großspurigen Bürgermeister auch ein Körnchen Wahrheit. »Er ist einer der vorzüglichsten Gattungen des Seekreises«, schreibt der Großherzoglich Badische Staatsrat von Hofer im Jahr 1822. Absatzprobleme hätte man also nicht gehabt, doch da über Jahre hinweg mehrere Hagelwetter die Ernte vernichtet hatten, gab es nur wenig zu verkaufen.

»Wie diese Insulaner unter solchen Verhältnissen, trotz ihrer unermüdlichen Arbeitsamkeit, ihre Existenz fernerhin fristen können, ist für mich ein Räthsel«, heißt es in Hofers statistischen und landwirtschaftlichen Notizen. Daß die Rebbauernfamilien ihre Grundstücke in Realteilung von Generation zu Generation vererbten, wirkte sich maßgeblich auf die Landschaftsstruktur der Reichenau aus. Die in klein-

Blick von der Hochwart, der höchsten Erhebung der Insel, nach Süden auf den Seerhein.

Rebberge an der Hochwart.

ste Parzellen aufgeteilte Rebfläche, die einer Familie zur Verfügung stand, umfaßte teilweise weniger als ein Hektar. Dennoch konnte eine Familie während des 19. Jahrhunderts mit dem Weinbau, teils kombiniert mit etwas Gemüsebau und Viehhaltung, ihre karge Existenz sichern. Als aber nach dem Bau der Eisenbahn im Jahr 1863 der qualitativ deutlich bessere Elsässer Wein immer stärker als Konkurrent auftrat, bedeutete dies eine weitere Verschlechterung der wirtschaftlichen Verhältnisse. Mit der Gründung eines Winzervereins im Jahr 1896 begann man schließlich gegenzusteuern. Genossenschaftlich organisiert betrieb man nun eine einheitliche Kellerwirtschaft und einen gemeinsamen Verkauf, was die Qualität des Weins und die Absatzchancen verbesserte. Außerdem begann man, mehr Gemüse anzubauen, zunächst noch nicht in großen Mengen, zum Teil zwischen den Rebenzeilen. Nachdem die Reichenau eine eigene Bahnstation hatte, verbesserte sich auch hier der Absatz. Das Gemüse trat immer mehr in den Vordergrund. Verstärkt wurde die Entwicklung zum Gemüsebau noch durch einen starken Frost im Jahr 1928, der die Reben zu großen Teilen vernichtet hatte. Viele Rebflächen wurden danach nicht mehr neu angelegt, sondern in Gemüseflächen umgewandelt.

Der Weinbau ging weiter zurück, die Rebfläche sank bis 1965 auf 5 Hektar. Im Zuge der Flurbereinigung, als die vielen kleinen Parzellen zusammengelegt wurden, wies man besonders in den Hanglagen um die Hochwart zusammenhängendes Rebgelände aus. Es umfaßt derzeit mehr als 15 Hektar. Angebaut werden vor allem die Sorten Müller-Thurgau und Blauer Burgunder, in geringerem Umfang auch Gutedel, Kerner und Grauburgunder. Im »Winzerkeller«, dem Keller des ehemaligen Klostergebäudes, wird der Wein bis heute vom traditionsreichen »Winzerverein Reichenau e.G.« gekeltert und vermarktet.

»Täglich frisch, täglich gut: Gemüse von der Insel Reichenau«

Mit diesem Werbeslogan werden schon seit den fünziger Jahren die umfangreichen auf der Insel produzierten Gemüsemengen in Süddeutschland vermarktet. Aber auch wer den Reklamevers nicht kennt und sich der Insel nähert, wird sogleich bemerken, daß hier intensiv Gemüseanbau betrieben wird.

Mit der Zunahme der Probleme, die sich in den ersten Jahrzehnten des 20. Jahrhunderts im Weinbau, dem bis dahin vorherrschenden Wirtschaftszweig ergaben, wurde der Gemüsebau auf der Insel immer weiter vorangetrieben, bis er schließlich gegen Ende der 30er Jahre den Weinbau so gut wie abgelöst hatte. Das Seeklima, das schon für den Weinbau günstig war, war auch dem Gemüsebau zuträglich. Die Funktion des Bodensees als Wärmespeicher sorgt im Frühjahr und im Herbst für geringere Temperaturschwankungen und kann so den einen oder anderen Frost verhindern. Außerdem erhöht die riesige Seefläche um die Insel herum eine Licht- und Wärmereflektion, die sich auf jegliche Vegetation positiv auswirkt. Mit den negativen Erfahrungen aus den frost- und hagelreichen Jahren zu Beginn des 20. Jahrhunderts hatte man sich nun einer Sonderkultur zugewandt, die man für krisensicherer hielt. Wie jeder landwirtschaftliche Zweig ist freilich auch der Gemüsebau den Launen der Natur unterworfen – Ernteausfälle durch Hagel und Hochwasser müssen die Reichenauer in regelmäßigen Abständen hinnehmen. Anders als im Weinbau stand durch solche Unwetter jedoch nicht mehr das gesamte Jahreseinkommen auf dem Spiel. Denn meist kann auf einem Gemüsefeld nach einer Mißernte eine weitere Kultur nachfolgen, oder es ging schon eine

Auf dem Katasterplan der Insel aus dem Jahr 1707 ist die Parzellierung der Felder wie auch der große Anteil des Weinbaus an der landwirtschaftlichen Fläche zu sehen.

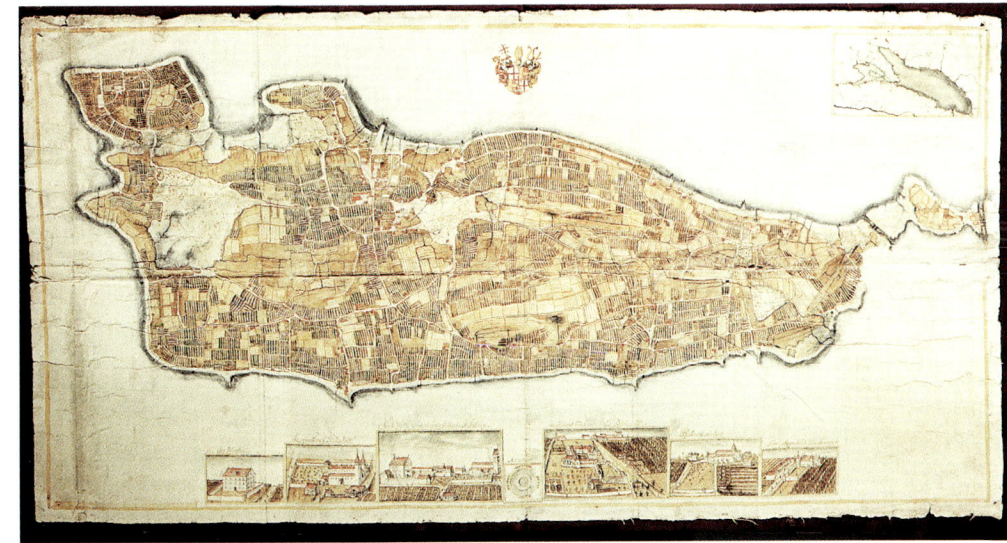

Das genossenschaftliche Beregnungssystem sorgt dafür, daß jedes Feld auf der Insel ausreichend bewässert werden kann.

Ernte voraus, so daß wenigstens gewisse Mindesteinnahmen gewährleistet sind.

Die Reichenauer Gemüsebauern waren schon seit Anfang des 20. Jahrhunderts genossenschaftlich organisiert. Nach dem Ende des zweiten Weltkriegs wurde die Landwirtschaftliche Ein- und Verkaufsgenossenschaft, heute heißt sie »Reichenau Gemüse e.G.«, zum Motor, der dem Gemüsebau immer größeren Auftrieb verschaffte. Dies bezog sich sowohl auf die gemeinsame Vermarktung wie auch auf die Verbesserung der Produktionsbedingungen. Zwar bestand schon seit den 30er Jahren eine Trinkwasserleitung, mit der man zumindest die in Hausnähe liegenden Felder bewässern konnte, doch wurde 1950 durch die Genossenschaft ein professionelles Beregnungssystem gebaut. Heute ist die ganze Insel mit nahezu 60 000 Metern unterirdischer Rohrleitungen durchzogen, an die 1100 Wasserzapfstellen angeschlossen sind. Vier Seepumpwerke, die in der Lage sind, 540 Liter Wasser pro Sekunde aus dem See zu pumpen, sorgen dafür, daß das Gemüse auch im Hochsommer nicht vertrocknet. Die Gemüsegärtner können, wann immer und so viel sie wollen, Wasser entnehmen und ihre Felder beregnen.

Aus der Weinbau-Zeit stammte eine sehr kleinteilige Parzellierung der Anbauflächen. Das war für die damaligen Rebbauern nicht weiter störend, wenn sie insgesamt genügend Land zur Verfügung hatten. Für die Gemüsegärtner wurde diese Parzellierung allerdings mit zunehmendem Rationalisierungsdruck mehr und mehr zum Problem, bestand doch die 430 Hektar große Insel aus nicht weniger als 6000 Parzellen. Aus diesem Grund wurde in den 1970er Jahren eine umfangreiche Flurbereinigung durchgeführt. Viele kleine Parzellen wurden zu größeren Grundstücken zusammengefaßt und neu verteilt sowie durch Wirtschaftswege erschlossen, die mit Traktoren befahrbar sind. Die Zahl der Grundstücke hatte sich am Ende der beiden Flurbereinigungsverfahren auf etwa ein Drittel des Ausgangsbestandes reduziert. Die Rebgrundstücke wurden an die Hanglagen an Hochwart und Marxenberg verlegt und zusammengefaßt, die Rebbaufläche insgesamt etwa auf das Dreifache erweitert. Ein Teil der Grundstücke wurde für den

In Niederzell

Gewächshausbau ausgewiesen. Um die auszutauschenden Grundstücke in der Qualität vergleichbar zu machen, wurden die in Feuchtgebieten liegenden Felder drainiert. Seit diesem Flurbereinigungsverfahren ist die Reichenau nicht mehr so idyllisch, wie sie einmal war. Romantische Wiesenwege, kleine Stege über Bäche, kleinparzellierte Grundstückchen, die für ein malerisches Landschaftsbild sorgten, blumenbewachsene Straßengräben, die schmale Straßen säumten – das gibt es nicht mehr. Als Gegenwert für diese landschaftlichen Einbußen haben die Gemüsebauern ihre Existenz sichern können, ein Ergebnis, das im Rückblick ohne Flurbereinigung niemals hätte erreicht werden können. Zwar ist eine gewisse Konzentrationsentwicklung zu beobachten, doch beläuft sich die Zahl der Vollerwerbsbetriebe heute immerhin auf 100, die der Neben- und Zuerwerbsbetriebe insgesamt ebenfalls auf 100. Da man dem Gemüsebau ermöglicht hat, seine Bedürfnisse nach rationellen Arbeitsmethoden und intensiver Bewirtschaftung zu erfüllen, gestaltet er auch heute noch die Landschaft auf der Reichenau.

Rationalisierung und Gewächshausbau führten zu einer enormen Produktivitätssteigerung. Die Jahresproduktion hat sich seit 1950 bei sinkender Anzahl der Betriebe auf 18 000 Tonnen vervierfacht. Trotz der harten Konkurrenz aus den EU-Ländern, die teilweise zusätzlich die Vorteile des Mittelmeerklimas genießen, konnte sich das Insel-Gemüse die einmal eroberten Marktanteile sichern. Es wird zu 40% in Bayern und zu 60% in Baden-Württemberg vermarktet. Der Absatz wurde und wird von der Genossenschaft, der nahezu alle Reichenauer Gemüsegärtner angehören, organisiert. Über viele Jahrzehnte gab es örtliche Sammelstellen, die als Zwischenhändler das Gemüse an die Abnehmer vermittelten. Im Jahr 1994 wurde dieses System durch eine hochmoderne zentrale Vermarktungseinrichtung abgelöst, die man für 15 Millionen DM in ein neu geschaffenes Gewerbegebiet zwischen den beiden Hügeln Hochwart und Vögelisberg gebaut hatte. Auch hier nahm man zugunsten einer Rationalisierung erhebliche Einbußen im Landschaftsbild hin.

Rationalisierung, Intensivierung und Konzentration sind die eine Seite der Entwicklung. Seit Jahren ist – unter dem Stichwort »Klasse statt Masse« – jedoch auch ein qualitätsorientierter Prozeß zu beobachten. Inzwischen betreiben die Reichenauer »integrierten und kontrollierten Anbau« und sind berechtigt, das entsprechende baden-württembergische Qualitätssiegel zu führen. Man hat nicht die Massenproduktion im Auge, sondern die Erzeugung von qualitativ hochwertigem Gemüse nach integrierter Anbaumethode. So wird Düngemittel nur gezielt nach Bedarf gegeben. Um den Bedarf festzustellen, werden Bodenproben entnommen und in einem von der Genossenschaft eingerichteten Labor untersucht. Da man auf diese Weise herausfindet, welche Nährstoffe im Boden vorhanden sind und ebenso weiß, welche und wieviele Nährstoffe die verschiedenen Pflanzen brauchen, ist eine gezielte Düngung möglich. So wird nur soviel an Dünger eingebracht, wie die Pflanze verbraucht, das Gemüse enthält sehr wenig Nitrat, und es kann auch kein überflüssiges Nitrat in das Grundwasser gelangen.

Eine elegante Methode zur Vermeidung von Pflanzenschutzmitteln ist der Einsatz von Nützlingen. Nützlinge werden in Gewächshäusern gegen Schädlinge eingesetzt. Spinnmilben, Blattläuse und weiße Fliegen zum Beispiel werden nicht mehr mit Spritzmitteln bekämpft, sondern mit Hilfe von Tieren, die sich von den Schädlingen ernähren. Marienkäferlarven beispielsweise fressen Blattläuse, Raubmilben fressen Spinnmilben und

»Am Boden bleiben«: Familie Wagner, Gemüsebau

»Um 6 Uhr morgens fangen wir an, um 8 Uhr abends hören wir auf«, sagt Berndt Wagner, »auch wenn wir noch nicht fertig sind. Und das ist schon viel besser als früher, denn früher hat man auf der Reichenau gearbeitet, bis es dunkel wurde.« »Heute dagegen denkt man auch mal an sich und widmet sich nach der Arbeit seinen sonstigen Interessen«, erklärt seine Frau Ingrid, »der Musik beispielsweise«. Sie selbst spielt Bariton in der Reichenauer Bürgermusik. Berndt und Ingrid Wagner haben einen Gemüsebaubetrieb in Niederzell, einen der typischen Familienbetriebe auf der Insel. Opa Reinhold und Oma Gertrud »schaffen mit«, bis vor einigen Jahren war auch die Uroma noch mit dabei, und die drei Kinder Benjamin, Constanze und Valentin sind ebenfalls beteiligt. Benjamin ist 17 und schon voll in den Betrieb integriert, er macht gerade beim Vater eine Gärtnerlehre, berufsbegleitend erwirbt er die Fachhochschulreife und später, wer weiß, will er vielleicht Gartenbau studieren. Fest steht jedoch: er wird den Gemüsebaubetrieb übernehmen. Und auch Constanze (15) hat das »Gemüse-Gen« geerbt. Ihr Traumberuf ist Samenzüchterin. In den Schulferien jedenfalls hat sie, ebenso wie Bruder Valentin (12), ihren Ferienjob im elterlichen Betrieb garantiert. Unterstützt wird die Familie durch zwei Saisonarbeitskräfte, die von Frühling bis Herbst mitarbeiten.

Berndt Wagner hat seine Ausbildung im schweizerischen Thurgau gemacht und nach der Meisterprüfung zusammen mit seiner Frau den elterlichen Betrieb übernommen. Vieles hat sich geändert seitdem. Während die Eltern ihr Gemüse noch auf dem Markt verkauft haben, haben die »Jungen« sich 1990 entschieden, bei der Genossenschaft einzusteigen, um sich nicht mehr um den Absatz kümmern zu müssen. Die Familie Wagner bewirtschaftet 5 Hektar Freiland und 1 Hektar »Glas«, im Fachjargon »Unterglasfläche«. Ein Teil dieser Fläche ist ihr eigener Grundbesitz, einen Teil haben sie dazugepachtet. Auch das ist anders als früher. Heute braucht man für einen rentablen Betrieb mehr Freilandfläche, da man die Flächen weniger intensiv bewirtschaftet als noch vor wenigen Jahren. Ein Teil der Fläche beispielsweise ist immer stillgelegt, also mit »Gründüngung« eingesät. Der Rest wird mit maximal zwei Kulturen pro Jahr angebaut, um den Boden zu schonen – früher waren es drei bis vier. Dies hat man allerdings nur mit einer Düngung nach dem Motto »viel hilft viel« bewerkstelligen können. Heute hat man sich dagegen dem Wahlspruch »Klasse statt Masse« verschrieben. Düngung wird nur nach Bodenproben vorgenommen und ständig kontrolliert. Und der Einsatz von Nützlingen ist auf der Insel inzwischen eine Selbstverständlichkeit geworden. Auch die im Gemüsebau diskutierte Methode, Gemüse statt in der Erde auf einer Substratbasis zu kultivieren, wie sie in einigen EU-Ländern praktiziert wird, können die beiden nicht befürworten. Ihre Devise heißt im wahrsten Sinne des Wortes: »Am Boden bleiben«.

Familie Wagner bei der Pflege der Gurkenkulturen im Gewächshaus.

Schlupfwespen rücken den weißen Fliegen zu Leibe. Der Reichenauer Gemüsegärtner Hatto Welte, ein Pionier auf diesem Gebiet, hat sich seit Jahren mit der Zucht dieser Nützlinge befaßt. Er beliefert die Reichenauer Kollegen und versorgt darüber hinaus auch auswärtige Gärtner mit den nützlichen kleinen Tierchen. Damit bei der Einführung der Nützlingsanwendung auch »konservative« Gemüsegärtner von den neuen Methoden überzeugt werden konnten, bediente sich die Genossenschaft des »goldenen Zügels« und richtete den sogenannten »Nützlingsfond« ein. In diesem Fond werden von jeder verkauften Gurke drei Pfennig hinterlegt. Solange der Gemüsegärtner mit Nützlingen arbeitet, bekommt er die drei Pfennig pro verkaufter Gurke am Jahresende wieder ausbezahlt. Ergeben die regelmäßig durchgeführten Kontrollen jedoch, daß die Regeln nicht eingehalten wurden, so hat er sich durch finanzielle Einbußen selbst geschadet.

Mit dem Argument einer qualitätsorientierten Produktion wurden von der Mehrheit der Genossenschaftsmitglieder Überlegungen abgelehnt, Gemüse – um des höheren Ertrags willen – auf Substrat, statt in der Erde zu kultivieren. Erfahrungen aus EU-Ländern, die diese Anbaumethoden anwenden, versprechen noch größere Rentabilität und höhere Erträge. Dennoch hat die Reichenau-Gemüse e.G. die Weichen für die Zukunft in eine andere Richtung gestellt: Nicht hochtechnisierte Gemüsefabriken sind das Ziel, vielmehr soll der erworbene gute Ruf für qualitativ hochwertiges Gemüse erhalten werden.

»Hätte auch gern zwei Gräten von euerm Fisch mir erbeten«: Reichenauer Fischer

Notker Balbulus, ein St. Galler Mönch im 9. Jahrhundert, kam einmal mit Reichenauer Mönchen zusammen. Diese erzählten von einem riesigen »Alant«, einem Weißfisch, den sie im Gnadensee bei Allensbach gefangen hätten. Zwölf Spannen lang sei der Fisch gewesen, mehr als 2,50 Meter. Notker erwiderte, auch St. Gallen habe Unglaubliches zu bieten, dort nämlich wüchsen im Januar Morcheln. Die Reichenauer lachten und erklärten, das könne nicht sein. Notker aber hatte beobachtet, daß an einer Ecke des St. Galler Wärmeraums die Wasserleitung tropfte und die feuchtwarme Erde dort mitten im Winter grünes Gras und eben auch Pilze gedeihen ließ. Im nächsten Januar schickte er eine Morchel auf die Reichenau mit einem in lateinische Verse gefaßten Begleitschreiben:

> *»Wollt Ihr mir nicht trauen, so mögt nun selber schauen.*
> *Hätte auch gern zwei Gräten von euerm Fisch mir erbeten.«*

Die Geschichte mag eine gute Quelle für die Erforschung klösterlicher Heizungen und auch für den Umgang der beiden Klöster Reichenau und St. Gallen miteinander sein. Ob sie zur Beantwortung der Frage taugt, wie groß die Fische im 9. Jahrhundert im Gnadensee waren, müssen wir dahingestellt sein lassen. Jedenfalls bietet die lateinische Überlieferung das wohl früheste Beispiel für »Anglerlatein«.

Fischer vor Niederzell.

Die Fischerei gehörte auf der Reichenau schon immer zur Lebenswelt. Im Mittelalter war der Abt alleiniger Inhaber aller Fischereirechte im Gnadensee, der im übrigen auch heute bei den Reichenauer Fischern noch »Auer See« heißt. Der Abt wiederum gab die Nutzung an die Fischer zu Lehen. Später gingen die Rechte auf einzelne Familien über, die das

Fischereirecht von Generation zu Generation weitervererbten. Heute ist die Ausübung des Fischerberufs zwar immer noch an »alte Rechte« geknüpft, doch entscheidet inzwischen der Staat, über den Erwerb eines Fischerpatents. Unabdingbare Voraussetzung für den Eintrag in das Fischerbuch ist in jedem Fall ein Berufsabschluß als Fischwirt. Während es um 1900 auf der Reichenau noch etwa 100 Berufsfischer gab, ist deren Zahl bis heute auf etwa 30 gesunken. Die meisten der gewerblichen Fischer üben ihren Beruf allerdings im Nebenerwerb aus, meist kombiniert mit einem Gemüsebaubetrieb.

Bis zur Jahrhundertmitte war die Fischerei mit Wattnetzen üblich, das sind Zugnetze von 180 m Länge und 20 m Höhe, die ausgelegt und – bei Erfolg – mitsamt den gefangenen Fischen wieder eingezogen wurden. Wegen der beträchtlichen Größe des Netzes konnten nur vier Mann gemeinsam eine Watt handhaben. Für die Wattfischerei verwendete man ein besonders großes Boot, auf dem man Segel setzen konnte, das sogenannte Wattschiff. Es

war aus Eichenholz gebaut und hatte eine Länge von etwa 11 m und eine Breite von etwa 2 m. Um die Jahrhundertwende gab es auf der Reichenau noch etwa ein Dutzend solcher Wattschiffe. Die Einführung der leichten, fast durchsichtigen, aus feinen Kunststofffäden hergestellten Schwebnetze in den 50er Jahren revolutionierte die Arbeitsweise der Berufsfischer. Die überaus schwere Arbeit der Wattfischerei wurde daher bald aufgegeben. Eine weitere Erleichterung brachte im Jahr 1966 die Erlaubnis, die Netze bei laufendem Bootsmotor auszubringen, da der Fischer so nicht mehr auf eine rudernde Hilfskraft angewiesen war. Dabei werden mehrere Schwebnetze von jeweils 100 m Länge im See zu einem »Satz«

aneinandergeknüpft und bilden damit eine für die Fische undurchdringliche Netzwand. Heute fährt der Fischer meist am Nachmittag zum »Netzen setzen« und am nächsten Morgen bei Sonnenaufgang zum »Bühren«.

Der häufigste Fisch in den Netzen der Reichenauer Fischer ist der Felchen, ein besonders wohlschmeckender Fisch. Man nennt ihn »Brotfisch«, da er etwa 50 % des Fangs ausmacht. Der Alet, den die zitierten Reichenauer Mönche gefangen haben wollen, gehört zu den Weißfischen, die allerdings wegen ihres Grätenreichtums nicht sehr angesehen sind. Insbesondere das Rotauge, auf reichenauerisch »Furn« genannt, ist bei den Reichenauer Fischern ausgesprochen unbeliebt. Als Speisefisch besonders geschätzt ist dagegen der »Kretzer«, hochdeutsch Flussbarsch, schweizerisch »Egli« genannt. Er stellt einen Anteil von etwa 15 % des Fangs im Untersee. Außerdem wird die grätenreiche Brachse, reichenauerisch »Brachsmaa«, gefangen, ein sehr großer Fisch, der häufig geräuchert auf den Markt gebracht wird. Eine begehrte Beute ist der Hecht, der bis zu 20 kg schwer werden kann, auch Aal und Schleie werden nicht verachtet. Weitere, teils seltene und damit für den Berufsfischer nicht sehr ins Gewicht fallende Fischarten im Untersee sind der Zander, die Trüsche, der Karpfen, der Wels.

Fischerei bedeutet gleichzeitig, für die Nachhaltigkeit zu sorgen. Strenge Regelungen, die von der Fischereiaufsicht überwacht werden, sorgen dafür, daß der See nicht überfischt wird. So gibt es Vorschriften über die Höchstanzahl der Netze, die gesetzt werden dürfen oder über die Mindestmaschenweite, damit kleine, noch nicht laichende Fische nicht zu früh gefangen werden.

Abgesehen von diesen Regelungen, die die Fischbestände erhalten sollen, gibt es auf der Reichenau, wie überall am Bodensee »Brutnachhilfe« in Fischbrutanstalten. Besonders für den Felchennachwuchs ist diese Unterstützung wichtig, da die Eier zu Beginn der Entwicklung sauerstoffreiches Wasser am Seeboden brauchen, das es aber im Bodensee in dieser Tiefe nicht mehr gibt. Ende November bis Anfang Dezember, zur Zeit des »Felchenlaichs«, werden daher 14 Tage lang Felchen gefangen. Direkt nach dem Fang werden die Fische »abgestreift«: durch einen leichten Druck auf den Bauch geben die »Rögner«, die Fischweibchen, ihren Rogen ab, die Fischmännchen ihren Samen, die »Milch«. Milch und Rogen kommen in einen mit Wasser gefüllten Eimer, dort findet innerhalb kürzester Zeit die Befruchtung statt. Der Eimer wird in die Fischbrutanstalt gebracht. Dort bleiben die befruchteten Eier für mehr als vier Monate in großen Glasbehältern mit sauerstoffreichem Seewasser, bis sie schlüpfen. Ein Teil der ausgeschlüpften Felchen wird dann sofort

wieder in den See entlassen, ein Teil wird noch eine Zeitlang mit Plankton gefüttert, um die Überlebenschancen der Fische zu erhöhen. Die Fischbrutanstalt auf der Reichenau übergibt dem See so jährlich etwa 70 Millionen Felchenbrütlinge. Dazu kommen noch eine Million Hechte, eine halbe Million Äschen und hunderttausend Forellen pro Jahr.

Der Küchenchef empfiehlt:

Reichenauer Felchenfilets in der Folie

Zutaten:
2 Felchenfilets
Zitronensaft
Salz, Pfeffer
Frische Kräuter: Petersilie,
Schnittlauch, Dill
Butterflöckchen
trockener Weißwein

Folie auf doppelte Länge eines Filets zuschneiden.

Die beiden Felchenfilets hineinlegen.
Mit Zitronensaft, Salz und einer Prise Pfeffer leicht würzen.
Frische Kräuter fein schneiden, vermischen
und über die Felchenfilets streuen.
Obenauf Butterflöckchen setzen und einen Schuß
trockenen Weißwein dazugeben.

Die Folie einschlagen und gut verschließen.

Backofen auf 180° C vorheizen und je nach Größe der Filets
etwa 10 – 15 Minuten garen.

Beilagenempfehlung: Salzkartoffeln und verschiedene Blattsalate.

Markus Prinz, Hotel Restaurant Kreuz, Reichenau Oberzell

»Das reisende Publikum«:
Tourismus auf der Insel Reichenau

Als im Jahr 1738 die Heiligblut-Reliquie aus dem Kloster Günterstal auf die Insel zurückgebracht wurde, sei sie unter Teilnahme wahrer Menschenmassen wieder in Empfang genommen worden. Das Fest habe, so lauten zeitgenössische Schätzungen, etwa 20 000 Besucher angezogen. Ab diesem Zeitpunkt wurde auf der Insel jedes Jahr am Montag nach dem Dreifaltigkeitssonntag das Heiligblut-Fest gefeiert. Pilger und Schaulustige kamen und kommen bis heute von nah und fern, um diesen Feiertag zu erleben.

In der Pappelallee bei der Ruine Schopflen.

Auch wenn wir diese Schätzungen nicht ganz wörtlich nehmen müssen, sind hier die Anfänge des Tourismus auf der Insel zu suchen. Allerdings

war man noch weit entfernt von einem regelmäßigen Besucherverkehr, war es doch vor dem Bau des Damms recht beschwerlich, auf die Insel zu kommen. Dies änderte sich, als man im Jahr 1838 die schon immer bestehende Untiefe im See zu einer Vorform des jetzigen Damms aufschüttete. Kurze Zeit später nahmen zwei Schweizer Dampfschiffahrtsgesellschaften ihren Betrieb auf, die gelegentlich die Reichenau anfuhren. 1863 folgte der Bau der Eisenbahn; außerdem richtete man von Allensbach eine Anschlußfähre zur Insel ein. Dies bildete eine weitere Möglichkeit, auf die Insel zu kommen. Abgesehen von den kirchlichen Feiertagen und Besonderheiten wie einem gelegentlichen Zufrieren des Sees (»Seegfrörne«) im Winter, brachten gelegentliche Ausflugsgruppen aber noch keine großen Besucherströme.

Als 1879 der Oberzeller Pfarrverweser Feederle die Wandmalereien in St. Georg entdeckte, geriet die Reichenau in die Schlagzeilen. Zugleich erfuhr Joseph Victor von Scheffels Roman »Ekkehard« einen Durchbruch. Das Buch über einen St. Galler Mönch, der auf dem Hohentwiel die Herzogin Hadwig in Latein unterrichtet und sich dabei unsterblich verliebt, erlebte bis zu Scheffels Tod im Jahr 1886 neunzig Auflagen. Da ein Teil des Romans im Kloster Reichenau spielt, war er – vor allem vor dem Hintergrund der neuentdeckten Wandbilder – dazu geeignet, das Interesse des Bildungsbürgertums an der Insel zu wecken. Nun wurde die Reichenau allmählich von erholungsbedürftigen Sommerfrischlern entdeckt, die das Naturidyll genossen und gleichzeitig auch kulturhistorisch interessiert waren.

Auf der Reichenau reagierte man darauf. Zu den bereits vorhandenen neun Gastwirtschaften wurde ein vornehmes Hotel errichtet – das Hotel Reichenau, wie das spätere Löchnerhaus damals hieß. Das Gasthaus Mohren wurde zum Hotel umgebaut – kurz, man kümmerte sich um das »reisende Publikum« und versuchte es »zu überzeugen, daß gerade hier in der Reichenau gefunden werden kann, was so viele suchen.« So jedenfalls steht es im Tätigkeitsbericht des 1911 gegründeten Verkehrsvereins. In den 20er Jahren nahm der Tourismus eine rasante Entwicklung. Angeschoben wurde diese durch die 1200-Jahr-Feier der Klostergründung, die im Jahr 1925 stattfand und den Bekanntheitsgrad der Insel enorm erhöhte. Die Übernachtungszahlen lagen bis 1924 etwa bei 2000 pro Jahr und erreichten, dem Ortsbereisungsprotokoll zufolge, im Jubiläumsjahr die Zahl von 30 000. Möglich wurde dies durch eine spürbare Verbesserung der Infrastruktur. 18 bis 20 Dampfschiffe legten täglich an, eine dreimal täglich verkehrende Postautobuslinie wurde eröffnet, die Fährverbindung Reichenau – Allens-

Leben und Arbeiten auf der Insel: das Museum Reichenau

Das Museum Reichenau befindet sich in einem der ältesten Fachwerkhäuser Süddeutschlands. Der Unterbau des Hauses mit seinem dreibögigen Fenster stammt aus dem 12. Jahrhundert, im 15. Jahrhundert erhielt das Haus die beiden darüberliegenden Fachwerkgeschosse mit dem beachtenswerten Ratssaal. Vermutlich war das Haus in mittelalterlicher Zeit der Sitz des Ammans, später der Sitz der Bürgergemeinde. Nach der Säkularisation kam es in den Besitz einer Bauernfamilie, bis es von der Gemeinde angekauft und von 1939 bis 1941 umfassend restauriert wurde. Nach dem zweiten Weltkrieg diente es als Rathaus. 1982 wurde es als Museum eröffnet.

Themenschwerpunkt des Museums sind »Leben und Arbeiten auf der Reichenau«. Im Erdgeschoß erfährt der Besucher Umfassendes über die Entwicklung der Landwirtschaft auf der Insel – vom Weinbau zum Gemüsebau. Reichenauer Brauchtum – die Tracht, die Fasnacht, die historische Bürgerwehr sind Thema der Brauchtumsabteilung im ersten Obergeschoß. Durch die Einrichtung einer Bauernstube erhält der Besucher einen Einblick in bäuerliche Lebensverhältnisse im 19. Jahrhundert. Im weiteren Sinne gehört hierzu auch das Backhaus aus dem Jahr 1788, das auf Initiative des Museumsvereins vor dem Verfall gerettet und von einem anderen Platz der Insel hinter das Museum versetzt wurde. Daß es voll funktionstüchtig ist, erweist sich an den vom Museumsverein veranstalteten

»Backtagen«. Über das künstlerische Schaffen auf der Insel wird in einem »Künstlerzimmer« informiert. Zur historischen Abteilung geht es in die zweite Etage mit ihrem Schwerpunkt zur Geschichte der Abtei. Anhand von Kirchenmodellen und einer Faksimile-Ausstellung wird die mittelalterliche Architektur und die ottonische Buchmalerei veranschaulicht. Eine umfangreiche naturkundliche Sammlung hat im Dachgeschoß des Museums ihren Platz gefunden. Vögel und Fische in ihren Biotopen sind dort zu sehen und vor allem erhält man viele Informationen zur Fischerei, die über Jahrhunderte eine wichtige Rolle in der Lebenswelt der Reichenauer spielte. Besonders aufschlußreich in dieser Abteilung ist die Nachbildung einer Reichenauer Bootswerft, anhand derer die Herstellung eines Boots vom Trocknen des Holzes bis zum fertigen Boot demonstriert wird.

Neben der ständigen Ausstellung wurde seit der Eröffnung des Museums nahezu jährlich eine Sonderausstellung – sei es zur Klostergeschichte, zur Geschichte der Reichenauer Künstler oder zur Geschichte des Bodenseeraumes – präsentiert.

In der Abteilung zur Reichenauer Buchmalerei sind alle als Faksimile herausgegebenen Handschriften des Reichenauer Skriptoriums ausgestellt.

bach erhielt ein zweites Boot, 1927 schließlich errichtete man ein Strand-
bad. Der Tourismus war den Kinderschuhen entwachsen.

Heute ist dieser Wirtschaftszweig mit 200 000 Übernachtungen pro Jahr
das zweite ökonomische Standbein neben dem Gemüsebau. Viele Gemüse-
baubetriebe vermieten Ferienwohnungen und sichern ihre Existenz so zusätzlich ab. Obwohl die Idylle längst nicht mehr so lieblich anmutet, wie zu
Zeiten als man die Insel als Sommerfrische entdeckte, ist es noch immer das
Landschaftsbild und die große Vergangenheit der ehemaligen Abtei, die die
Reichenau als Urlaubsziel so attraktiv machen.

*Blick vom
Gnadensee auf das
Münster. Davor der
Yachthafen.*

Zeittafel

850 v. Chr.	Früheste Spuren einer Besiedlung auf der Insel
724 n. Chr.	Gründung des Klosters Reichenau auf der seit Jahrhunderten wieder unbewohnten Insel
786-806	Abt Waldo, später Erzieher am Königshof Pippins in Pavia
799	Egino von Verona gründet St. Peter in Niederzell
799	Tod Graf Gerolds. Bestattung in der Reichenauer Abteikirche
802	Tod Eginos. Bestattung in der Petruskirche
806–823	Abt Heito
811	Gesandtschaftsreise Heitos nach Konstantinopel
816	Weihe der neuen Abteikirche
823–838	Abt Erlebald
824	Visionserlebnis und Tod Wettis
824/825	Anlage des Reichenauer Verbrüderungsbuchs
825	Walahfrid: Visio Wettini
827	Walahfrid in Fulda, später Erzieher am kaiserlichen Hof in Aachen
821/822	Reginberts Bücherkatalog
825/830	St. Galler Klosterplan
830	Markusreliquien auf der Reichenau
838–842	Abt Ruadhelm
838	Besuch Kaiser Lothars I., Januarius-Reliquien
842–849	Abt Walahfrid
888	Tod Karls III. und Bestattung in der Reichenauer Abteikirche
888–913	Abt Hatto III., 891 Erzbischof von Mainz
896	Kaiserkrönung Arnulfs III.
nach 896	Übertragung der Georgsreliquien in die »cella Hathonis«
900–911	Hatto übernimmt Regentschaft für Ludwig das Kind, den letzten ostfränkischen Karolinger
925	Ankunft der Heiligblut-Reliquie auf der Reichenau
949	Tod Hermanns I., Herzog von Schwaben, Bestattung im Inselkloster
965	Otto d. Gr. auf der Reichenau
972–985	Abt Ruodman
973	Tod Burkhards III., Herzog von Schwaben. Bestattung im Inselkloster
985–997	Abt Witigowo. 995 Purcharts Biographie Abt Witigowos
996	1. Romzug Ottos III. zur Kaiserkrönung in Begleitung von Abt Witigowo, dem »Mund« des Kaisers. Langhauserweiterung des Münsters
997–1000	Abt Alawich II.
997/998	2. Romzug Ottos III. in Begleitung von Abt Alawich II.; Marktprivileg für Allensbach, Privileg der Weihe durch den Papst, Ehrenkleidung der päpstlichen Kardinäle
1006–1008	Abt Immo von Gorze

1006	Brand im Kloster
1008–1048	Abt Berno
1014	Italienzug Heinrichs II. zur Kaiserkrönung. Berno in Rom
1021	2. Italienzug. Berno in Rom
1040	Kaiser Heinrich III. auf der Reichenau
1048	Weihe des Westwerks in Anwesenheit Kaiser Heinrichs III.
1054	Tod Hermanns des Lahmen
1071–1088	Abt Ekkehard II. von Nellenburg
1075	Erneuerung des Marktprivilegs für Allensbach
1080–1134	Abbruch der Peterskirche in Niederzell, Neubau von St. Peter und Paul
um 1200	Erste Erwähnungen von Reichenauer Bürgern; Bau des Ammannhauses
1236	Brand im Kloster
14. Jh.	Übermalung der Wandmalereien in St. Georg
1402–1427	Abt Friedrich von Zollern
1402	Der Konvent besteht aus zwei Konventualen, dem Abt und seinem Neffen.
1427–1453	Abt Friedrich von Wartenberg. Reform; Zulassung von Niederadligen
1540	Inkorporation in das Bistum Konstanz
1604–1626	Bischof Jakob Fugger
1605–1610	Bau des neuen Konvents auf der Südseite der Abteikirche
1738	Rückkehr der Heiligblut-Reliquie aus Günterstal
1750	Neugestaltung von St. Peter und Paul im Rokokostil
1757	Gewaltsame Vertreibung der Mönche von der Reichenau
18. Jh.	Renovierungskampagne in St. Georg, Übertünchung der Wandmalerei
1803/1805	Säkularisierung, Auflösung der Abtei, Handschriften kommen nach Karlsruhe
1812	Abbruch der Pfarrkirche St. Johann
1838	Bau des Damms
1863	Bau der Eisenbahn
1879	St. Georg Entdeckung der Wandmalereien unter der Tünche; umfassende Restaurierung; Carl Ph. Schilling stellt Bildtapeten her und gestaltet den Innenraum teilweise neu
1900	Restaurierung in St. Peter und Paul
1921	Entfernung der Bildtapeten und Restaurierung in St. Georg
1924/25	Jubiläumsfeierlichkeiten, zuvor grundlegende Forschungen anläßlich der 1200. Wiederkehr des Gründungsjahres des Inselklosters
1964–1970	Münster: Restaurierung innen; archäologische Forschungen zum Klosterbezirk
1970–1976	Archäologische Forschungen und Restaurierung in St. Peter und Paul
1981–1990	Bestandsaufnahme, Untersuchung und Konservierungsmaßnahmen in St. Georg in Oberzell
2000	Aufnahme der Reichenau in die Liste des Weltkulturerbes der UNESCO

Weiterführende Literatur zur Abteigeschichte

Walter Berschin und Theodor Klüppel, Die Reichenauer Heiligblut-Reliquie. Mit einem Geleitwort von Münsterpfarrer Alfons Weisser, 2. erw. Auflage, Stuttgart 1999 (Reichenauer Texte und Bilder 1)

Walter Berschin und Theodor Klüppel, Die Legende vom Reichenauer Kana-Krug. Die Lebensbeschreibung des Griechen Symeon. Mit einem Beitrag von Münsterpfarrer Alfons Weisser, Sigmaringen 1992 (Reichenauer Texte und Bilder 2)

Walter Berschin und Johannes Staub, Die Taten des Abtes Witigowo von der Reichenau (985-997). Eine zeitgenössische Biographie von Purchart von der Reichenau, Sigmaringen 1992 (Reichenauer Texte und Bilder 3)

Walter Berschin und Theodor Klüppel, Der Evangelist Markus auf der Reichenau, Sigmaringen 1994 (Reichenauer Texte und Bilder 4)

Walter Berschin und Alfons Zettler, Egino von Verona. Der Gründer von Reichenau-Niederzell (799), Stuttgart 1999 (Reichenauer Texte und Bilder 8)

Walter Berschin, Eremus und Insula. St. Gallen und die Reichenau im Mittelalter – Modell einer lateinischen Literaturlandschaft, Wiesbaden 1987.

Konrad Beyerle (Hg.), Die Kultur der Abtei Reichenau, 2 Bde. München 1925

Arno Borst, Mönche am Bodensee 610–1525, 4. Aufl. Sigmaringen 1997

Dörte Jakobs, Sankt Georg in Reichenau-Oberzell. Der Bau und seine Ausstattung. Bestand – Veränderungen – Restaurierungsgeschichte, Stuttgart 2000

Helmut Maurer (Hg.), Die Abtei Reichenau. Neue Beiträge zur Geschichte und Kultur des Inselklosters, Sigmaringen 1974

Henry Mayr-Harting, Ottonische Buchmalerei. Liturgische Kunst im Reich der Kaiser, Bischöfe und Äbte, Stuttgart Zürich 1991

Mechthild Pörnbacher, Walahfrid Strabo: Zwei Legenden Blathmac, der Martyrer von Iona (Hy). Mammes der christliche Orpheus. Mit einem Geleitwort von Walter Berschin, Sigmaringen 1997 (Reichenauer Texte und Bilder 7)

Hans-Dieter Stoffler, Der Hortulus des Walahfrid Strabo. Aus dem Kräutergarten des Klosters Reichenau, Sigmaringen 1996

Walahfrid Strabo, Visio Wettini. Die Vision Wettis, übersetzt und erläutert von Hermann Knittel Sigmaringen 1986

Alfons Zettler, Die frühen Klosterbauten der Reichenau. Ausgrabungen – Schriftquellen – St. Galler Klosterplan, Sigmaringen 1988 (Archäologie und Geschichte 3)

Alfons Zettler, Die Reichenauer Mönchsgemeinschaft und ihr Totengedenken im frühen Mittelalter, Sigmaringen 1998 (Archäologie und Geschichte 5)

Lust auf Urlaub? Praktische Ratschläge

Für die Besucher der Reichenau gibt es vielfältige Möglichkeiten, sich zu erholen. Tagestouristen sind mit der Besichtigung der Kirchen, Spaziergängen und einer Einkehr in eines der zahlreichen Gasthäuser weitgehend ausgelastet. Besuchern aber, die mehrere Tage oder gar Wochen auf der Insel verbringen wollen, sei die folgende Anschrift empfohlen:

Tourist-Information
Pirminstraße 145
78479 Reichenau
Telefon 07534/9207-0
Fax 07534/9207-77
e-mail: touristinfo-reichenau@t-online.de
Internet: www.reichenau.de

Hier, bei der Geschäftsstelle des Verkehrsvereins Reichenau e.V., gibt es ein ausführliches, reich bebildertes Gastgeberverzeichnis. Vom Hotel über Pensionen zum Ferienheim, von der Ferienwohnung über das Privatzimmer bis zum Campingplatz sind alle auf der Reichenau angebotenen Unterkunftsmöglichkeiten aufgeführt. Ebenso findet sich darin eine kommentierte Liste der vielfältigen gastronomischen Betriebe aller Stilrichtungen und kulinarischen Niveaus. Um sich bei einem längeren Aufenthalt auf der Insel zurechtzufinden, ist bei der Tourist-Information ein Plan der Gemeinde mit einem detaillierten Straßenverzeichnis erhältlich.

Wer auf der Reichenau seinen Urlaub verbringen möchte, der sollte sich bei der Tourist-Information die vom Verkehrsverein herausgegebene rund 50 Seiten starke Broschüre »Informationen, Sehenswürdigkeiten, Freizeittipps« besorgen. Darin findet sich für alle nur denkbaren Interessen, die richtige Anschrift mit aktuellen Öffnungszeiten. Sie spiegelt das vielfältige Angebot wieder, das die Urlauber auf der Insel erwartet, gleichgültig ob das kulturhistorische Interesse oder das Interesse an Freizeitaktivitäten im Vordergrund steht. Kirchenführungen in allen Kirchen und der Münsterschatzkammer, ein Besuch des Museums, des dem Hortulus nachgebildeten Kräutergartens, Führungen im Wollmatinger Ried oder die Besichtigung eines Reichenauer Gemüsebaubetriebs sind nur einige Beispiele der Angebotspalette. Sportbegeisterte kommen ebenfalls auf ihre Kosten. Besonders Wassersportarten wie Tauchen und Schwimmen, Wasserwandern, Segeln und Angeln stehen auf dem Programm, aber auch Radfahren und ausgedehnte Spaziergänge auf dem Uferwanderweg bieten sich an. Ebenso sind die Veranstalter von Segel- und Tauchkursen sowie Anschriften von Fahrrad- und Bootsverleihbetrieben aufgeführt. Auch aktuelle Fahrpläne der Kursschiffe, die an der Schiffslandestelle abfahren, und der Personenfähre nach Allensbach, fehlen nicht. Abgerundet wird die Broschüre durch mehr als 20 Ausflugstips in die nähere und weitere Umgebung auch in die Schweiz und nach Österreich.

Insel Reichenau

St. Peter u. Paul

Niederzeller Straße

Ortsteil Niederzell

Yachthafen

Abt-Berno-Straße

Personen-Fähre nach Allensbach

Burgstraße

Tourist-Information

Münster St. Maria

Zum Sandseele

Ortsteil Mittelzell

Mittelzeller Straße

G n a d

Seestraße

Untere Rheinstraße

Spiegelberg

Pirminstraße

Hochwart 441 m

Im Spitz

St. Georg

Radolfzell, Schaffhausen, Konstanz

Obere Rheinstraße

Ortsteil Oberzell

U n t e r s e e / R h e i n

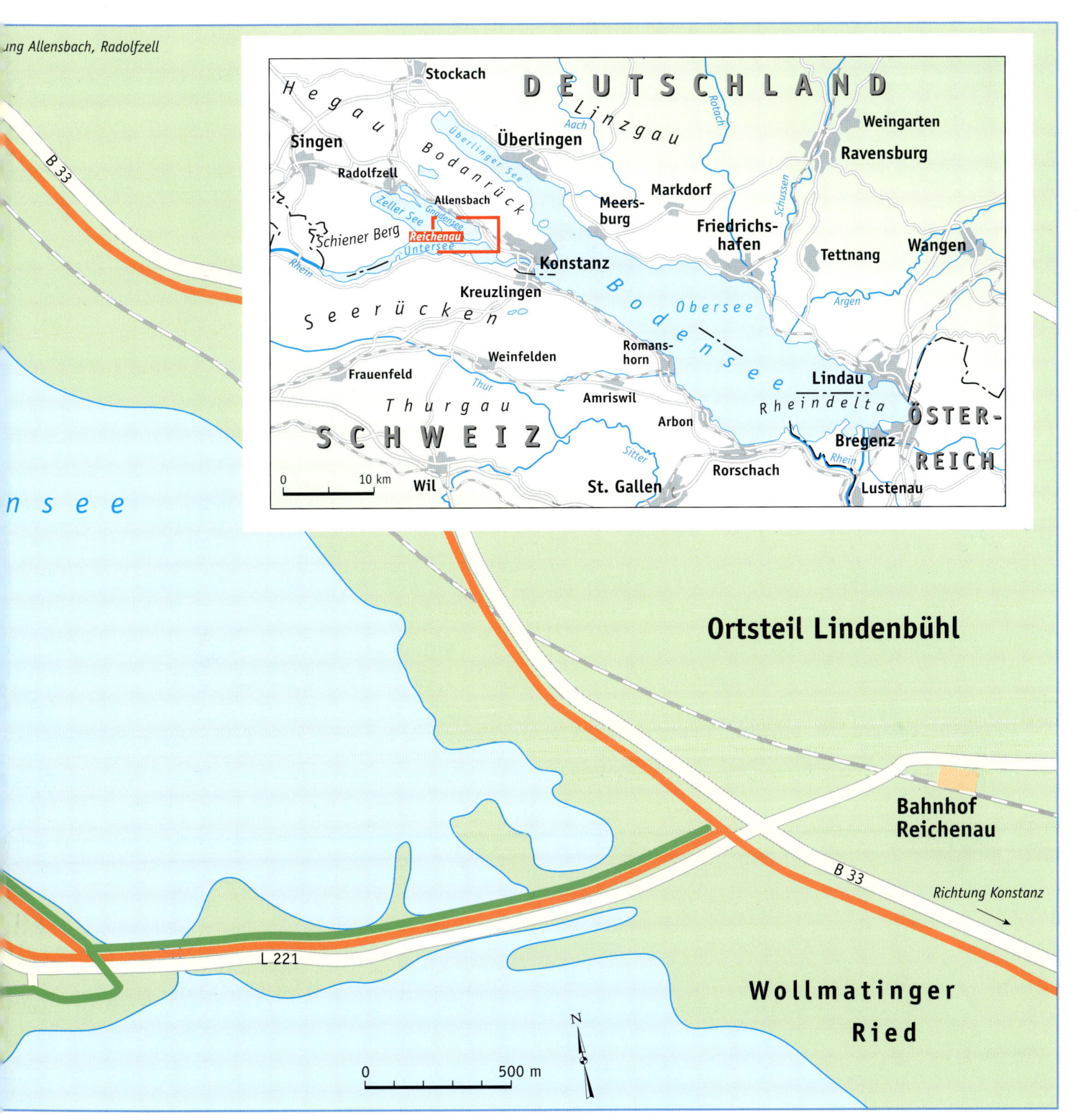

ung Allensbach, Radolfzell

B 33

n s e e

Stockach

D E U T S C H L A N D

Linzgau

Rotach

H e g a u

Aach

Überlingen

Weingarten

Überlinger See

Bodanrück

Singen

Ravensburg

Radolfzell

Markdorf

Schussen

Zeller See

Allensbach

Meers-
burg

Gnadensee

Reichenau

Friedrichs-
hafen

Schiener Berg

Untersee

Tettnang

Wangen

Rhein

Konstanz

B o d e n s e e

Kreuzlingen

O b e r s e e

S e e r ü c k e n

Argen

Weinfelden

Romans-
horn

Frauenfeld

Lindau

Thur

Rheindelta

ÖSTER-

T h u r g a u

Amriswil

Sitter

REICH

SCHWEIZ

Arbon

Bregenz

Rhein

0   10 km

Wil

St. Gallen

Rorschach

Lustenau

Ortsteil Lindenbühl

Bahnhof
Reichenau

B 33

Richtung Konstanz

L 221

Wollmatinger

Ried

N

0   500 m

Klassiker der Bodensee-Literatur bei Thorbecke

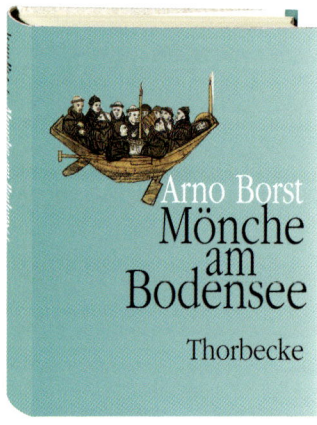

Hermann Hesse
Bodensee
284 Seiten mit 129 Abbildungen,
21 x 24 cm,
Leinen
€ 24,80
ISBN 3-7995-2006-6

Acht Jahre lang lebte Hermann Hesse am Bodensee. In diesem Band wird das literarische Ergebnis zu einem stimmungsvollen Landschaftsbild zusammengetragen.

»Ein Buch zum Träumen.«
Abendzeitung, München

»Ein Buch, das man nicht mehr aus der Hand legt, ein Buch, über dem man die Arbeit vergißt, ein Buch, das man auch seinem besten Freund nicht ausleiht, denn er könnte es nicht mehr zurückgeben.« *ORF*

Hans-Dieter Stoffler
**Der Hortulus
des Walahfrid Strabo**
Neu – 6. Auflage, 164 Seiten mit 38 Abbildungen und 8 Farbtafeln, 17 x 24 cm, Leinen, € 19,80
ISBN 3-7995-3506-3

Der Abt Walahfrid Strabo hat uns im 9. Jahrhundert in Versen hinterlassen, welche Pflanzen in seinem Kräutergärtlein auf der Insel Reichenau wuchsen und welcher Pflege sie bedurften.

Arno Borst
Mönche am Bodensee
4. Aufl., 564 Seiten
mit 89 Abbildungen,
17 x 24 cm, gebunden
€ 24,80
ISBN 3-7995-5006-2

»Ein Klassiker der deutschen Literatur zur Geschichte des Mittelalters.«
Staatsanzeiger

»... Ein außergewöhnliches, ein originelles und ein zutiefst anregendes Buch.«
Spektrum der Wissenschaft

Die Deutsche Bibliothek – CIP-Einheitsaufnahme
Klosterinsel Reichenau: Kultur und Erbe / Monika Spicker-Beck. Fotos von Theo Keller. –
Stuttgart: Thorbecke, 2001
ISBN 3-7995-3507-1

http://www.thorbecke.de e-mail: info@thorbecke.de
© 2001 by Jan Thorbecke Verlag GmbH & Co., Stuttgart

Druck und Verarbeitung: Süddeutsche Verlagsgesellschaft, Ulm
Printed in Germany   ISBN 3-7995-3507-1